サイバーエージェント
突き抜けたリーダーが育つしくみ

なぜ、経営人材と新規事業が続々生み出されるのか?

上阪 徹
Uesaka Toru

日本能率協会マネジメントセンター

はじめに

なぜサイバーエージェントでは、人材が育つのか？

20代の取締役、新卒1年目の子会社社長、入社3年目の局長……。サイバーエージェントの人事に関するニュースが流れてくるたび、不思議に思っていた。いったいどうして、こんな人事が可能になるのか、と。

創業から間もないベンチャー企業であれば、大胆な抜擢人事はそう珍しいことではない。しかし、サイバーエージェントは違う。

1998年の創業から21年。売上高は連結で約4500億円。グループ従業員数も5000人を超える、東証一部上場企業なのだ。もはやすでに大企業となっていた規模の会社が、驚くような若手の抜擢人事を行っているのである。

逆に言えば、そうした人事ができるだけの人材が、サイバーエージェントでは育っているということである。

筆者の私は、記事や書籍の制作にあたり、多くの経営者に取材する機会を得てきた。私自身、人材採用関連ビジネスのキャリアから書く仕事をスタートさせていることもあり、「これからどんな人材が求められるのか」は、よく質問するテーマでもある。

そんな中で、ここ数年、ますます多くの社長から聞こえてくるようになった言葉がこれだ。

「指示待ちの社員はもういらない。自分で考え、自分で動き、決断できる人材が欲しい」

バブル崩壊以降、日本は低成長の時代が続いている。その間に、世界の経済は大きく伸び、日本は経済的存在感を大きく落とすに至っている。どうすれば、この低成長から脱却できるのか。その重要なテーマの1つに、人材採用、人材育成があると考えている経営トップは少なくない。

すでにある事業を綿々コツコツとやっていても、成功できる時代ではなくなった。誰かが出した答えをひたすら完遂しても、もはや結果は出ない。求められているのは、大胆な発想転換であり、思い切った挑戦であり、ブレイクスルーをもたらす行動、新しい答え。そして、それを率先して生み出す新しいタイプのリーダーだ。

そうした取り組みができる社員を端的に、「経営人材」「起業人材」と名付けて語る経営トップもいた。まさに将来、経営を委ねたい人材だからだ。どうすれば「経営人材」「起業人材」を採用できるのか。あるいは、「経営人材」「起業人材」を育成できるのか。ここに大きな関心が寄せられていたのだ。

一方で、働く社員の側にも不安は募っている。リストラがいつやってくるかわからない、と怯える中高年は少なくない。このままでは自分は大きく成長できない、と職場を去ってしまう若者も多い。

どうすれば、これからの時代に求められる人材になれるのか、そのヒントを求めている人も増えている。

こうした中で私の中に浮かんだのが、サイバーエージェントという会社の存在だった。インターネット広告事業からスタートした会社だが、今やゲーム、さらにはAbemaTVなどメディア事業も大きく成長している。次々に新しい事業を立ち上げ、日本が閉塞してきた時代に成長し続けてきた会社なのだ。

それは、「経営人材」「起業人材」が育てられてきたからこそ、に他ならないのではないか。そして実際に、若手の優秀な人材がどんどん抜擢されているのだ。

そんなことを考えていた折、サイバーエージェントの子会社の1社と仕事をする機会を得た。そこで、なぜサイバーエージェントで人が育つのか。その秘密の一端を知ることになった。

何もしないでサイバーエージェントで勝手に人材が続々と育っているわけではない。人材育成、起業家育成、新規事業創出のための、たくさんの取り組みがあったのだ。そして今回、実際に取材をしてみると、その充実ぶりは想像をはるかに超えていた。

115社もの子会社や新規事業がランク付けされ、撤退ルールも定めながらマネジメントされる「CAJJプログラム」「スタートアップJJJ」などのシステム。1000件を超える応募が出ることもある新規事業プランコンテスト。

役員とその直接の部下ではない社員で5人のチームになり、総勢50人ほどで会社の課題に向き合う合宿「あした会議」。社員のコンディションを把握するだけでなく、社内でポテンシャルのある人材、新事業を担うにふさわしい能力や興味のある人材を発掘する「キャリアエージェントチーム」。

日常的に部下に「何がしたいのか」を問い、大胆な抜擢につなげていく組織カルチャー。縦の組織ではなく、年齢や性別、職種、趣味など横軸でつながれる仕組み。上がりポストを作らず、意思表明した人材を若くして登用していく……。

サイバーエージェントには、「経営人材」「起業人材」が育てられる、さまざまな仕組みがあったのだ。

本書では、人事担当役員から若手役員、9人の子会社社長、採用担当責任者、新規事業創出担当者、活性化担当者など、総勢15名に詳しく話を聞いた。実際に抜擢された若手たちはどんな人物なのか。それも詳しく紹介する。

実は彼らが決して特別なルートで採用されていたり、特別なキャリアの始め方をしてきたわけではない、ということもおわかりいただけると思う。

これから求められる人材をいかに採用し、育てていくか。これからの時代に求められるような人材に、いかになっていくか。企業の活性化のために、自らをさらに成長させていきたいと考える人にサイバーエージェントの取り組みは、きっと大きな示唆を与えてくれると思う。

なお、本文では、登場していただいた方々の敬称は略させていただいた。

第2章　人材を育てるには経験させせよ
——会社の成長を支えてきたのは「人事の考え方」

第3章　子会社115社。今も続々と
――ここまで「新規事業」が生み出されていく仕組み

第4章　2019年卒の新人女性社長！
――内定者なのに社長になれてしまう理由

第5章　昇格、撤退、競争意識

――２つの管理制度で事業を成長させる

第6章 修羅場と失敗経験を大事にせよ
――「決断経営」をいかに作るか

第7章　優秀さより「素直でいいヤツ」
――すべてはこだわりの「採用」から

第10章　褒めて活性化する文化
——「らしさ」を語り継いで企業文化を醸成していく

第1章

29歳で取締役、24歳で子会社社長

――大胆な「若手抜擢」はどう行われたか

入社8年目、29歳で取締役になった人物の素顔

東京・渋谷駅から歩いて10分ほど。サイバーエージェントが2019年3月から本拠を構えているのが、Abema Towersだ。2000年に渋谷に本社を置いて以来、事業の拡大と社員数の増加とともに本社近くでオフィス増床を繰り返していたが、これまで分散していたメディア事業・ゲーム事業・全社機能を集約した。

ビル1階にはインターネットテレビ局「AbemaTV」の公開スタジオが設置され、ここから番組発信も行われている。そのAbemaTV事業を動かしているサイバーエージェントのグループ企業、株式会社AbemaTVの広告本部本部長にして、サイバーエージェント本体の取締役を務めているのが、山田陸《りく》(30)だ。

1989年3月生まれ。2011年に新卒で入社し、2018年12月の取締役就任時には、まだ29歳だった。若手の抜擢が珍しくないサイバーエージェントでも、20代での本社取締役就任はなかなかないという。実際、史上最年少だった。

創業間もないベンチャー企業なら、20代の取締役は珍しいものではないだろう。しかし、サイバーエージェントはグループ5000人の規模、20年の歴史を持つ東証一部上場企業なのだ。

そんな会社で20代で役員になるとは、どのような人物なのか。取材前から会うのをとても楽しみにしていた。上場会社役員への取材を私は何度も経験しているが、多くの場合は役員応接で行われる。しかし、今回は執務をしているフロアで取材が行われた。

エレベーターが到着、ホール脇の通路にあるドアのセキュリティを広報担当者に解除してもらうと、目の前には大きなフロアが広がっていた。パソコンとデスクがずらりと並び、席を埋めた社員が慌ただしく仕事をしているのが見えた。新しい事業の活気が伝わってくる。

右手に進むと、広告本部本部長の執務室があった。山田の部屋である。ドアを入ると、左手にスペースが広がる。20畳ほどだろうか。中央に10人ほどが座れる大きなテーブルと椅子。そして左奥には大きな執務デスク。これが山田の席だ。

部屋に入ってすぐに気づいたのは、人気香水ブランドのジョー マローン ロンドンのほのかなフレグランスの香りだった。「いい香りですね」と声をかけると、照れくさそうに山田は応えた。

「いただいたものなんです。私は詳しいことはよくわかりません（笑）」

一気にとんでもない出世を遂げた人物である。出世欲旺盛、パワフルで勢いがあり、ともすればギラギラしたような雰囲気なのではないかと想像していたのだが、まったく違った。Tシャツにジャケットというカジュアルさは、ＩＴ企業では普通だが、何より対応の丁寧さと物腰の柔らかさがまず印象に映った。

だが、席に座ったときの凛としたたたずまいは、若さを超越し、高いポジションにある人物ならではの風格を感じた。この若さにして役員としての貫禄は十分にあった。

入社8年目で取締役になった山田は２０１５年、やはり当時の史上最年少で執行役員に選ばれている。まだ入社5年目という若さだった。多くの会社では、入社5年目というと役員どころか役職もイメージが湧かない年次ではないか。

一方で、だからこそ5年目に執行役員、8年目に取締役になるには、何か特別なキャリアのようなものを歩んだからではないか、という想像もしてしまう。また、特別な何かチャンスが与えられたのではないか、と。

だが、それは違った。山田は同期たちと同じように入社し、同じように配属され、同じように育てられるところからキャリアが始まっていたのである。

では、何が山田に今のポジションをもたらしたのか。

希望していなかった仕事に配属

中央大学法学部在学中から、自分で会社をやりたいという気持ちを持っていたという。きっかけは、日常の風景にあった。

「高校まで過ごした名古屋でも、大学時代を過ごした東京でも、電車に乗って通っていたんですが、恐縮ながら電車内の社会人の諸先輩方の多くが疲れた顔をしているように見えました。もちろん、そのくらい頑張って仕事をしていてカッコイイという価値観もあると思うんですが、僕の中ではちょっと違っていました。どちらかというと、目をキラキラさせながら仕事に向き合っていく。そんな人生を送りたいなと思っていたんです」

自分でビジネスをやるなら、やはりインターネット領域だろうと思っていた。そんなとき、サイバーエージェントの存在を知る。実際に会社を訪問してみると、イキイキと働いている人が多いという印象を持った。将来の独立のために、たくさんのことが学べると思った。

「あとは、新規事業を提案して優勝すると子会社社長の椅子と100万円がもらえるという制度が当時ありまして。内定者の頃から出せるということだったので、優勝すれば子会社として事業をやらせてもらう経験が積めるな、と思ったんです。結局、まったくダメで、その後も4年目くらいまでずっと出していましたけど、箸にも棒にも引っかかりませんでした（笑）」

入社内定を得ると、内定者のアルバイトに誘われた。メディアについて知りたいと伝えると、ブログなどを提供するアメーバ事業本部で働くことができた。

「プロモーション部門でした。メディア特性を理解して、それをどう強みとして世の中に発信していくかを考える部署。メディアというものを知るためには、うってつけの仕事だと思ったんです」

1年近い内定者バイトで、会社の雰囲気がよくわかった。同時に、仕事がこんなに楽しいものなのか、と実感できた。そのまま入社後も、この仕事への配属を希望した。

ところが、組織としては営業が不足していた。正式配属は、ブログメディアの広告商品の営業。まったく希望していなかった仕事に、山田は配属になってしまう。ここで4年を過ごす。

「1年間はまず下積みというか、現場の仕事をとにかく駆け回ってやっていました。今なら外に言えないくらいの時間を自らの意志で働いていました（笑）。家にはもう寝に帰るだけで。でも、楽しかったんです」

やればやるほど広告はどんどん売れ、結果が出た。もう1つ、頑張りを支えたのが仲間の存在だった。

「同期がみんな優秀で。やっぱり悔しいじゃないですか。ちょうど親しかった同期が子会社配属で３人しかいない会社だったので、どんどん裁量権を与えられていて。月に１回は飲みに行って近況報告をして、お互いに煽り合って。本当に気持ち良く成果を出す環境を作れていたな、と思います」

２年目になると、いきなりマネージャーに抜擢された。サイバーエージェントでは、よくある抜擢だ。これぞ、と思う若手社員にはどんどん機会が与えられる。だが、部下４人は全員が年上の先輩。山田はまだ入社２年目だ。いきなりの試練だった。

年上部下４人からの気づき

当然だが、部下４人とも営業のスキルは山田より上だ。ひとりは10歳ほど上のベテランだった。当初はどうしていいか、まったくわからなかった。若手にできることは頑張ることくらいしかない、と思った。当時の悪しき文化も影響したというが、とにかく長時間働いた。だから、部下に感じたことがあった。

「今ではありえないんですが、どうしてそんなに早く帰るんだ、もっと本気を出せるじゃないか、と。それが、暗に伝わってしまったんだと思います」

部下とギクシャクし、うまくいかない期間は数カ月にも及んだ。やがて、山田は自分で気づいていく。

「僕が持っているスキルと、彼ら彼女らが持っているスキルはまったく違うわけです。同じ時間やっていても要領が違っていたんですよ」

だから、早く帰ることができていたのだ。また、プライベートを幸せにするために仕事を頑張っている先輩もたくさんいたことにも気づいた。

「僕はリーダーとして、その人の幸せという本質に向き合えていなかったんです」

そしてもう1つ大きな気づきがあった。こんなギスギスした環境で働きたいと自分で思っていなかったが、それを作ってしまっているのは自分だったのだ。

「それで、自分が変わらなきゃ、と思って」

マネジメントするなんておこがましい、と思うようになった。チームの成果を最大化するには、とにかく全員が気持ち良く働けるような組織にしていこうと考えた。

「あとは、バラバラで動くのではなく、戦略をちゃんと決めて動くことですね」

ようやく組織は動き出す。ただ、1つだけ自分では解決できなかった。先輩のひとりと、コミュニケーションがうまくいかなかったのだ。話し合いを何度か持ったが、なかなか納得してもらえなかった。

「それで、上司に相談したんです。僕がこういう方針でやりたい、と言っても信頼してもらえないので、上司から伝えてもらえませんか、そのほうがチームとしても成果が出ると思います、と」

そうすると、思ってもみなかった言葉が上司から返ってきた。

「やっと独りよがりじゃなくなったね、と褒められたんです。自分で何でもかんでも一人で何とかしてみよう、なんてやっていると、だいたいどこかで失敗する。こういうところで上司を巻き込んで動こうとしたのは、大きな前進だ、と。なんだそうだったのか、と思いました。これは僕の中ではすごく意外で、今でも鮮明に覚えています」

大事なことは、目指すものを達成すること。そのためにできることなら、どんどんやればいい。上司もどんどん使えばいい。それがわかった。

「それまではチームの成果は足し算でしかありませんでしたが、変わっていきました。成果が掛け算になるというのは、こういう状況を言うんだということが学べました」

そして入社4年目、サイバーエージェント社内では局長と呼ばれる役職に昇進。部下は10数人という規模になった。さらに翌年、転機が訪れる。

「統括をやらせてください」と立候補

サイバーエージェントでは、若手の抜擢もあるが、中堅の抜擢も頻繁に行われる。当時、山田のいた広告部門には7人の局長で100人ほどのメンバーを見ていたが、組織を率いていた統括が新規事業のチームに異動することになったのだ。局長の直属の上司の統括、他社でいえば本部長のポジションが空いたのである。

「それで、後釜は誰がやるか、ということになったんですが、僕にやらせてください、と手を挙げたんです」

第3章に詳しく書くが、サイバーエージェントには「あした会議」と呼ばれる役員と一部の社員が参加する経営会議が年1、2回ある。たまたま山田はそこに参加していて、社長や役員も出ている場で、自ら大胆な申し出をしたのだ。

「実はこのとき、経営会議の場で、上司である統括が組織を出ていくことに僕は反対したんです。100人の部下を見ていた上司が、数人しか見ない新規事業に行くとはどういうことですか、と。なんだか不遇にも見えました。そのときは、僕は組織を人数でしか捉えられていなかったんです」

すると、副社長に大目玉をくらってしまった。山田は、会社全体という立場に立てていなかったのだ。

「なるほどとは思いましたが、仮に統括が抜けて他の人が来るくらいなら、自分でやりたいと思いました。残る6人の局長はみなさん大先輩だったんですが、自分も含めていい結束が取れているという自信もありました。当然いろんな声は出るとは思いましたが、これを何かのチャンスに変えるとしたら、ぜひ自分でやってみたい、挑戦したい、と申し出たんです」

同じ局長職には10歳以上、上の年次の先輩もいた。彼らを差し置いて、その上司になるという立候補。だが、局長たちはみな応援してくれた。手を挙げた人間に対して、それが決まったら応援するというのが、サイバーエージェントのカルチャーなのだ。

この若手にやらせてもいい、という伏線もあった。

「僕が配属されたとき、平均年齢が高い組織だったんです。若手がもっと活躍している組織にしていかないと勢いのある若手が入りたいという部署にならない、と僕は当初から上司によく危機感を伝えていました。実際、新入社員で入りたいと思う人が、僕の代ではゼロでした。若手が活躍できるような組織に見えないから、それを変えたい、と。僕が早く抜擢されたのも、統括にさせてもらったのも、この危機感が大きかったと思っています」

だが、10数人の部下を見る局長と、6人の局長、100人の部下を見る統括では仕事はまったく違う。そもそも他の局長の部下は、若い山田を知らない。

「ただの若い人が、なんかうちの文化っぽく大抜擢されちゃった、大丈夫なのか、と思っていた人もいたはずです。そこで考えたのが、リーダーなのに現場もやることでした。同行もするし、お客さんを見つけにも行く。任せて率いるというセオリーとは真逆ですよね。でも、そうすることで実行力も知ってほしかったし、現場を理解した上で意思決定したいという僕の考え方もわかってもらいたかった」

だが、組織の状態をどう見るか、難しさに戸惑った。どう変えていくかにも悩んだ。上司に相談すると、「好きにやればいい」と言われた。

「局長を入れ替えるかどうか、迷いましたが、若手を増やすことにしました」

雰囲気は大きく変わった。若手が伸び伸びと動き出し、山田の率いた組織は、どんどん業績を伸ばしていく。後には、内定者からも高い人気を誇る部署になった。

執行役員に抜擢の理由は「悪く言う人がいないから」

もともと自分で会社をやりたいと考えていたのが、山田である。新規事業のプランも出していた。実はマネージャー職で3年目を迎えたとき、成果を出したら子会社に出してほしい、社長に直談判させてほしいと上司に申し出てもいた。

「そのとき、上司はわかった、と言ってくれたんですが、半年後、約束した以上の成果を出して、そろそろかなと思ったら、こう言われたんです。局長をやってくれない？　と。ああ、こういう感じで来るのか、と思いました（笑）」

山田はうれしかった。何でも自分の声に耳を傾けてくれる懐の深い上司を尊敬していた。この上司に頼まれたら、自分のエゴを捨ててでもやるしかないと思った。

「ただ、どこかで起業を虎視眈々と考えてはいたんですが、そんなことも言っていられる状況ではなくなっていって。でも、新規事業をやるとかというものではなく、今ここにある事業がもっと評価され、一緒に働くみんなが活躍して、会社からリターンがもらえて幸せになっていることのほうが、やりがいは大きいな、と気づくようになって。そのほうが、自分もテンションが上がる。だから、この道でいいんだ、と」

20代の若さだったが、気づけたことがあった。

「こんな言い方をしたらすごく恐縮なんですが、全然できなかったメンバーが伸びていって、すごく活躍していって、それに対して感謝をしてくれる、というのが自分でもうれしかったんです」

もしかしたら辞めたかもしれない社員が1年我慢してついてきてくれ、いろんな先輩の話も聞いてくれ、大きく成長する。その醍醐味を知った。

「事業が伸びたことも当然、自分としてはうれしいですが、事業が100億円伸びたから、僕らの給料が100億円増えるわけではない。それ以上に組織のみんながうれしいのは、仲間の成長だったり、そういうところにこそあるんじゃないかな、と思いました」

統括になった年の秋、2015年に執行役員に就任した。26歳だった。3000人以上の社員が集まるグループ総会の場で、サイバーエージェント社長の藤田晋によって執行役員就任がいきなり発表されたのだ。

「事前にまったく連絡はありませんでした。びっくりしました。だから、藤田に、どうして自分が選ばれたのか、後で聞きに行ったんです」

藤田はこう言ったという。

「お前のことを悪く言う人がいないから」

局長時代も、統括になっても、山田がなぜ組織の業績を上げられたか。それは、山田が自分のために働いていなかったから、だった。どうやって部下たちの働きやすい環境を作れるか、それをこそ必死になって考えた。まわりの意見をとことん聞き、一人ひとりの部下に真剣に向き合った。

自分が評価されるためにやっていたわけでは一切なかったのだ。どうすれば、メンバーに報いることができるか、組織のメンバーの信頼を得られるか、それだけを考えていたのである。

藤田は社員と頻繁に会食に行く。社員からは当然、上司の話が出てくる。そこから人間性が見える。サイバーエージェントが評価するのは、まさにここだ。業績をただ上げればいいのではない。人間性をこそ見るのである。山田は言う。

「もちろんそれだけではないですが、こういうことを知るとやっぱりうれしいですし、ますます頑張れますよね」

それにしても、誰でも自分が評価されるために動くのではないか。どうして山田はそうならなかったのか。

「もう十分以上に評価いただいていた、という認識があったからです。若手にして統括などもやらせていただいて、そっちのほうを向く必要がなかった。僕は上司にも部下にも、本当に恵まれたんです」

「役職が人を育てる」が企業文化

執行役員になって2年後の2017年。AbemaTV広告本部本部長に就任した。執行役員になって以降、ネットサービスのプラットフォーム「アメーバ」やウェブメディア「新R25」など15のメディアのマネタイズをずって見ていたが、AbemaTVに専念することにした。

「言い訳ができないような環境を作らないと、と思ったんです。立ち上げ期は難しいので、どうしても他のメディアを売りたくなる。一方で、AbemaTVが売れるようになったら、今度は他のメディアが売りづらくなる。そういう状況にしたくなかった。だから、退路を断って腹をくくろう、と」

ミッションは、AbemaTVを黒字化すること。そして、その翌年12月、サイバーエージェントの取締役に就任する。このときも、事前にまったく話はなかった。

「今度はもう藤田には聞きに行きませんでした（笑）。AbemaTVに飛び込んで、1年ほどで大きく伸びたことと、これまでと同じで、こいつにもっとハードなチャレンジ、経験を積ませたほうがいいんじゃないかと考えたのだと思います。あとはサイバーエージェントの文化で、これに尽きると思うんですが、役職が人を育てるんですよね。取締役になったら、一層あいつは背伸びして頑張るだろう、と。そこに期待されているとしか今は思っていません」

もちろん、取締役の職は甘くはなかった。

「僕は、わりといろんなところでいろんな先輩だったり後輩だったりがいるので、生の声は聞いていたんですけど、現状がわかっても、その打開策が見えるわけではありません。また、新規事業をどうするか、どこに投資するべきか、考えないといけない。そのためには世の中のことを知っていないといけない」

役員には創業時からのメンバーも顔を揃える。彼らに比べて、知識量に天と地ほどの差があるとまずは気づかされた。

「知識量で差があると、会議に出ても発言しづらいんです。当然ですけど、間違ったことを言うのはダサイですし、気まずいですし、そこに物怖じしちゃっていた期間が少しありました」

強烈な洗礼を浴びたのは、しばらくしてからだった。ある役員に、こう言われたのだ。

『あれ、お前、いたんだっけ?』

「これは、僕には大いに刺さりました。すごく煽られました(笑)。見てろよ、と思って、そこから自分なりのバリューを出そうと思うようになりました。間違ってもいいから、とにかく何か発言する。それを毎週やるように努力し始めました。何より正解がないのが大変です。でも、これは他の先輩も同じだと思っていますので」

そして取締役になって、変わったことがある。会いたい人に、より一層会えるようになったことだ。それまでには「自分なんかが行っても」と思えるような場にも、どんどん出られるようになった。それが、より自分の成長につながっていると感じている。

今は抜擢する側でもある。キーワードは何か。

「逃げないこと、ですね。仕事にいかにきちんと向き合うか。それができていないと、やっぱり人はついてこないと思います。意志を持って働くことはとても大事な気がします。その意志が、事業の成長の方向性とシンクロしていたら、より増幅される。意志なく働いていると、やはり最後の踏ん張りがきかない気がします」

取締役就任後、30歳になった。〝21世紀を代表する会社を創る〟という会社のビジョンに、何より強く共感している。

入社4年目、28歳で子会社社長になった社員

2011年入社でもう一人、山田よりも1年先に執行役員に、2年先に取締役に就任し

ていた人物がいる。ゲーム事業を手がける株式会社アプリボットの代表取締役社長で、サイバーエージェント取締役の浮田光樹《こうき》（33）だ。

サイバーエージェントの数多くある事業の中でも、アプリボットは、収益を生み出す事業である。浮田はこの会社の社長に入社4年目、弱冠28歳で就任した。

1986年8月生まれ。中央大学理工学部の大学院に通っていたが、内定者時代に中退を決断。そのままサイバーエージェントに入社したという経歴を持つ。

「僕は理系で周囲の友人たちはメーカーが一般的な就職先でした。でも、リーマンショックがあったり、ＪＡＬ破綻があったりして、大企業が潰れる可能性に気づいていきました。これからはもっと個の時代になる。そのとき、起業のようなものに漠然と興味を持ったんです」

社長の藤田がサイバーエージェントを起業した時代のベンチャーブームは高校生の頃。大学でも起業サークルのようなものもあったというが、そこまでの関心はなかった。大学に入って将来を見据えたとき、そういう考え方が必要になるのではないかと考えた。

「研究テーマはロボットで、できればこの分野で起業ないし成長ができる場所を探そうと思ったんですが、そうした場所は当時はほとんどありませんでした。それで、起業に明るい会社はないか、ということで探していて出会ったのが、サイバーエージェントだったんです」

若いうちから活躍できます、と謳う会社は少なくないが、サイバーエージェントでは、人事が本当に若くして活躍している社員を紹介してくれた。そのファクトがあったから決めた、と浮田は言う。

そして、内定中に驚きの出会いがあった。新卒1年目の社員と内定者との交流会が開かれ、飲む機会があったのだが、そこでアプリボットを2人で創業することになる1期上の先輩と意気投合するのである。

「先輩は取締役として会社を立ち上げることを会社から認められていたんですが、新卒1年目ですから自分より社歴が下の社員はいないわけです。会社の立ち上げメンバーを選ぶ際、同期や先輩と一緒にやるのはやりにくいと思ったんでしょうね。でも、内定者ならやりやすいと思ったのでしょう（笑）。しかも、私も生意気でしたし、年齢も一緒だったこともあって意気投合して、とんとん拍子に話が進んでいったんです」

誘いを受けた背景には、ちょっとした焦りもあった、と語る。

「同期にはとんでもない経歴の人間も少なくなかったんです。サッカー元日本代表候補とか、大学時代に起業していました、とか。僕はロボットの研究はかなりやっていた自負はありましたけど、目立ったことはしていない。それで、他と比較することもなくチャンスだと思って飛び込んだのが、逆に良かったのかもしれないですね」

先輩と2人での会社創業。アプリボットの立ち上げは、あまりにも刺激的過ぎた、と浮田は笑う。もう大学は行かなくていい、と思い始めた。

「これには人事からも止められて。会社からすればエンジニア枠で採用しているわけで、最終学歴も変わってしまうわけですが、それ以上に僕のことを心配してくれたんだと思います。最後は藤田に直接、大学院を辞めての入社を頼みに行きました。親にはちゃんと話すように、と言われました。今思えば、なんとも寛容ですよね」

社長と取締役は圧倒的な差がある

アプリボットという会社は、スマートフォン領域の事業ということだけが決まっていた。新規事業を立ち上げる際、サイバーエージェントでは、これくらいゆるやかにスタートすることも少なくないという。ちょうど時代はスマホが出始め、これから普及していくのではというタイミングだった。

「最初は自社アプリをリリースしたり、企業のアプリ制作をしたり、広告メディアを作って大きくしたり、いろんなことをやりましたね」

取締役から社長となった先輩と話していたのは、毎年ケタを変える勝負をしよう、だった。当時は広告事業に次いで大きな事業部門がアメーバ事業本部だったが、それよりも速いスピードで成長しないと子会社をやっている意味はない、と考えていた。

「作った広告メディアはそれなりの売り上げはあったのですが、この事業ではその成長はできないな、とわかった頃、目をつけたのがゲームでした。当時はまだガラケーのゲームが主流だったんです」

浮田はゲームに詳しかったわけではない。すでにあったグループ内のゲーム子会社の社長に教えを請いに行ったりした。そして2011年後半から2012年にかけて、スマートフォン向けのゲームをリリースしていく。

「まだブルーオーシャンだったAppStore、GooglePlayストアにいち早く参入できたこともあって、かなり順調な滑り出しになりました。日本でもトップセールスで1位になり、北米でも2位になったり」

海外展開も含めてうまくいったが、背景にあったのは、何より戦略的思考だ。

「やはり最速でやったことが大きいと思っています。藤田もよく言いますが、『うまくいくには最高か最速かのどちらしかない』という考え方は社内に根付いていています。既存の国内プラットフォームが当たり前だった時代に、いち早く新しいマーケットに入っていった。

これが、当時うまくいった要因だったと思います」

しかし、ライバルは次々に参入してくる。ガチンコ勝負の中で次第に苦戦を強いられるようになっていく。そんな中、思わぬことが起きた。

「会社の全社会議である、『あした会議』でアプリボットの社長が全社横断のマーケティング本部を立ち上げ、そこの部長になるということが決議されたんです。そうなると、アプリボットからは抜けることになります。本体が運営するメディアやゲームのマーケティングは、全社としてインパクトを生むためにも、重要な仕事ですから」

そしてアプリボットは、浮田が担うことになった。２０１４年、入社4年目で子会社の社長になってしまったのだ。

「内定中に子会社の社長になった社員もいましたので、それが普通とまでは言いませんが、あり得るとは思っていました。ただ、いわゆる世間の方々から見る社長と、社内で見る社長には多少ギャップがあり、未経験でも代表になるケースがあるサイバーエージェントの感覚が当時、強かったので肩に力は入りませんでしたね」

ただ、先輩との二人三脚を離れ、今度は一人で代表を務めるのだ。

「それで社長の藤田に、飲みに連れて行ってほしい、とお願いしたんです。そうしたら、いいよ、と言われて。僕はアプリボットでナンバーツーでしたから、何か相談ごとがあれば、アプリボットの担当役員であり、サイバーエージェントのナンバーツーである副社長の日高裕介にすることが多かった。でも、トップに立つということはトップの藤田に聞くのが一番だろうとお願いをしたんです」

いくつかもらった中で、鮮烈に覚えている話がある。

「社長と取締役は圧倒的な差がある、ということです。社長は最後の砦。そこにのしかかってくる重圧は違う。前社長の先輩と僕には今ですら大きな差がある、と言われました。ただ、社長をやることは、お前の成長にもなるから頑張れ、と」

しかし当時、会社は極めて厳しい状況にあった。

社長としての最初の仕事が大胆な人員整理

当時のアプリボットは赤字に転落していた。ゲーム事業は急成長し、人員も急増したが、最速の参入の強みはすでに薄れていた。27歳で社長に就任し、最初にやらなければいけなかったのは人員整理だった。

「当時320人くらいになっていたものを一度、80人くらい減らして240人くらいにすることが、社長としての最初の仕事でした」

これは第5章に詳しく書くが、サイバーエージェントの子会社には「CAJJプログラム」「スタートアップJJJ」という2つの制度があり、それぞれのプログラムに所属する事業の責任者が一堂に会する会議があったり、会社がランキングされたりするのだが、そこには事業の撤退ルールも定められている。

子会社を作ったからといって、そのまま必ず存続させてもらえるわけではない。撤退ルールに触れたら、会社は清算しなければならないのだ。サイバーエージェントの子会社経営は、決して甘いものではない。

そして会社が厳しくなり、資金がショートしそうになったとき、一般の会社が資金調達に走るように、サイバーエージェントの子会社社長も資金調達に走らないといけなくなる。向かうのは、サイバーエージェントの「投資委員会」だ。

投資委員会が会社の状況や再建計画、今後の戦略を見て、見どころありと見なされないと新たな資金はもらえない。そのまま会社は倒れてしまうのだ。

「投資委員会は本当に厳しいんです。どうしてこうなったのか、という話と、今後のポテンシャルをしっかり示せないといけない。しかも、希望額のギリギリしか入れてもらえません。この緊張感はとても大きいです」

当時、アプリボットは子会社の中で最も多くの貸し付けを得ていた。大胆な人員整理案を示し、ポテンシャルを伝えなければ、資金は得られないことがわかっていた。

「アプリボットは100%子会社ですから、自分でリスクを取っていないと言われればそれまでですし、部署みたいなものじゃないかと言われたら、それに反論する余地はないんですが、僕らはあくまで会社経営をしていると思っているんです。実際、お金がなくなったので入れてください、なんて甘い話にはならないんです。時には厳しい経営判断をしないといけないし、逆に攻めるときにもお金が欲しいので、そこでも投資委員会に行かないといけない」

アプリボット内部でも難しい状況があった。

「調子が良かった状況から苦しい状況になっていきましたから、メンバーの中から疑心暗鬼になる人が出るタイミングでもあったんですよね。だから、ここはすべてを明らかにして、残る人、残らない人をはっきりするべきだ、と思いました」

浮田の執務室には、組織戦略についての名著『ビジョナリーカンパニー』(日経BP社)が全巻並べられていた。藤田が好きだということで入社後すぐに読んだが、当時は難しくてよくわからなかったという。だが、だんだんその意味がわかるようになっていった。

「その中にある『誰をバスに乗せるか』という話が僕はけっこう好きなんです。今このタイミングは苦しいけれど、一緒にやっていけるか。『それは難しいです』という判断も尊重する。誰でも人生は1回だけだからです。でも、一緒に残って乗ってくれるなら、しっかり立ち直れるまでやろう、とみんなに話をしました」

バスから降りた社員がいた。彼らはサイバーエージェントに戻ったり、他の子会社に行った。そして、バスに残ってくれた社員がいた。

「こういうのって、激しい言い争いとかドラマになりそうな話なんですけど、意外とそんなことはなくてですね（笑）」

組織は3分の2の規模になり、残った社員と危機感を共有した。ゲームをヒットさせようと、アプリボットの役員は浮田はじめ全員が関わって一極集中する。これが見事に当たる。1年ほどで収益を改善させることができた。

「本当にいい社員に恵まれたなと思うんです。空気を読んでくれるんですよね。ここぞというところで。それがありがたいことでした」

この後、浮田は執行役員になる。

意思表明に応える会社

さらに2年後の2016年、取締役に抜擢された。実は浮田は、執行役員も取締役もやってみたいという発信をしていたという。

「ブログで書いていました。アプリボットのことを考え、大きくしていくためにも、サイバーエージェントのことを知らないといけないし、大きくしていかないといけないんです。自然とそんなふうに全社のことを考えるようになった中で、全社の経営に関わりたいというのは、自然に湧いてきた感情でした」

もちろん、アメーバブログでの発信だ。

「藤田のブログを社員はみんな見ていますが、藤田はじめ役員や上長も部下のブログをよく見ているんです。シェアしてくれたりもする。実は社員はみんな、なかなかはっきりとは言わないんですよ。経営をやりたい、って。恥ずかしがったり、お前が言っている場合じゃないだろうと思われるんじゃないかと考えたり。そんな羞恥心を持ってしまうのは、あまりにももったいないと僕は思っていました」

意思表明がいかに大事か、だが、実はそれに応えようとする会社なのだ。そして発信することで何が見えて来るのかというと、人間性だと浮田は言う。

「藤田は投資をするとき、経営者としての『人しか見ない』とよく言います。事業よりも人を見る。間違いなくそう。だから、ブログやSNSは意味がある。僕も、思ったことも悩んでいることも、けっこうブログで発信していました。今も推奨しています。それこそ、サイバーエージェントの理論でもありますけど、SNSは絶対に人間をごまかせないですから」

いいことを言おうと思ってもボロが出る。逆に、素直に出せば人間性は伝わる。そして人間性にこそ、ポテンシャルがあると語る。

「シンプルに考えれば、アプリボットは業績順に並べたら子会社の中でも下のほうですし、実績としては足らないんです。でも、子会社の業績の順序で役員構成や体制を組めばいいのかというと、そんなことはないと思うんですね。特にゲームは、わかりやすく浮き沈みが激しいですし、その中で継続性を保っていくには、精神的に耐えられる人でないといけない。僕が今、役員の立場でもそう思います」

そして、その人間としての強さこそが、ポテンシャルを生む。

「子会社の社長でも役員でもいいから、やりたいという人は多いんです。でも、やりきれる人はそうそういるわけではない。ある意味、苦しいですから。実力が足らないのに実力以上のことをやらないといけないわけですから」

ただ、仕事の難易度は、その人に合わせて下がるわけではない。そのギャップには常に苦しまないといけない。一方で、そうなれば動けばいいのだ。相談に行けばいいのである。

「サイバーエージェントには、同じ境遇の人とか、そうだった人がたくさんいます。加えて、相談したいです、と言われて嫌な気持ちになる人はたぶんいないと思うんです。あなたのことを尊敬しています、ということですから。だから、聞きに行くべきだし、聞きに行っていい、というのは雰囲気としてありますね。そもそも難しいことをやっている。一人の実力では無理なことをやっているわけですから」

取締役に就任したとき、藤田に言われたのだという。他の役員とは、圧倒的な差があるから、と。

「どんな差ですか、と聞いたら、経験の差だ、と(笑)。しかも経験の差は埋まらない、なぜなら今も俺たち役員は経験を積み重ねているから、と。僕は言葉が出ませんでした。でも頑張って、と藤田が言ってくれて。ただ、これがリアルですよね。もっと努力しないといけないし、もっと頑張らないといけない。それを痛感したし、事業の話というよりも、僕が僕自身のリミッターを外し続けるために言ってくれたんじゃないかなと思っています」

取締役は上がりのポジションではない

自分よりも経験も知識もある先輩たちの上に立っている。それについては、どう考えているのか。

「もちろん実力とか経験でいうと、僕よりも全然ある先輩社員はたくさんいます。それこそゲーム領域でいえば、10社のゲーム会社のうち、社長を務める人はほぼ僕の年上ですから。でも、そこも受け入れてもらっています。協力もしてもらえる。なりたいという声や、やりたいという声をちゃんと押し上げる。そういう文化があります」

だが、役員には任期もある。入れ替わりもある。まだ若いだけに、役員を外れたときには感情のわだかまりが起こるのではないか。

「もちろん人間ですから、もっとやりたいとか、感情はあるかもしれませんけど、それをしっかり鎮火させる仕組みになっているんです。会社全体を考えたとき、そういうことは思うべきではない、と。また、自分の実力が足らなかったと内省できる人しか上げない、というのもあるでしょうね。それも含めて人間性だと思うんです」

藤田はかつて「CA8」という制度を作り、8人の取締役のうち2名を2年おきに入れ替えることを仕組み化していた。現在、制度はなくなり、取締役は12人いる。

「取締役は上がりのポジションではない、と藤田はよく言っていました。実際に、取締役が変わっていくのを見るときにも、実力順ではなかったりするわけです。そういうものがベースにあるので、悔しさとか残念な気持ちというのは、早く鎮火できる気がしますね」

そもそも、ポストを奪い合うような文化がサイバーエージェントにはない。

「手前味噌ですけど、足の引っ張り合いがまったくないんです。役員、みんな仲良いですし、飲み会とかも盛り上がるんです。多くが42歳から45歳で、30歳前後が数名ですけど、役員だけの飲み会でも、たわいのない話で盛り上がります」

個別で電話がかかってきて、飲みに行こうと誘われたりすることもある。

「足の引っ張り合いや疑心暗鬼って、自分の椅子を取られないように、とか競争心から来ることが多いと思うんですけど、サイバーエージェントでは限りなくゼロに近いと個人的には思っています」

今、アプリボットの社員は300人を超える。目指しているのは、第2のサイバーエージェントを作ることだ。全社が培ってきたメソッドを、いかにアプリボットに落とし込むか。そこにどうオリジナリティを盛り込むか、知恵を絞っている。

「たしかに藤田には経験では叶わない。でも、藤田は46歳です。若い社員から見れば、33歳の僕のほうが近い。距離をもっと近づけることで、若手の育成をはじめ、僕にしかできないことがあると思っています」

毎日の日課がある。それは、全社員の席をひとつずつ必ず回ること。300人の社員に声をかけること。時間は決めていない。フラッと出て、フロアを回る。

実力主義型終身雇用

サイバーエージェントはなぜ「経営人材」「起業人材」が輩出されるのか。背景にあるのは、大胆な抜擢も含めた人事制度にあることは間違いない。もっと言えば、人を何より重視しているという発想そのものにある、と全社広報室シニアマネージャーの上村《うえむら》嗣美《つぐみ》は語る。

「例えば、メーカーであれば、技術があったり、製品があったりします。まず事業内容があって、そこに必要な人材を採用していくという考え方です。しかし、サイバーエージェントの場合は、事業より人が先なんです。会社が持つ価値観、カルチャーに合う人、一緒に働きたい人、サイバーエージェントを一緒に大きくしたいと思ってくれる人がいて、そこに合った事業を立ち上げていくんです」

人こそが会社のベースであり、財産という考えだ。

そして、藤田が重視するのが、「実力主義型終身雇用」という考えだ。日本企業の成長をかつて支えた年功序列、終身雇用は今や事実上、崩壊しているといっていい。それは時代にマッチしなくなったからだ。

「それなら、挑戦もできて、一方で安心もできる環境を作っていこう、というのが、実力主義型終身雇用なんです。会社のカルチャーにマッチしている人、価値観が合っている人は、きちんと終身雇用をする。一方で、年功序列はなく、年次で出世していくわけではなく、完全な実力主義になっています」

ここで実力というとき、サイバーエージェントの大きな特徴になるのが、ただ実力だけではないこと。本人のやる気も含めていることだ。これも含めて抜擢の材料になるのだ。

そして、驚くほどのドラスティックな抜擢があることもそうだが、サイバーエージェントが強く意識しているのが、「絶えず変化を起こす」ことだという。

「環境の変化、会社の変化に柔軟に対応できる、素直さを持つ社員を育成していくためにも、絶えず変化を起こしています。例えば、異動は月に2回、行われます。組織の統合や新設といった改変も含めると、年間に1000件の異動が発生しています」

他の企業ではありえないほどの異動の数だ。社員の座席も頻繁に変わる。1つのところにいつまでも留まらないのである。

「そうすると、社員は変化慣れをするんですね。だから、事業を統廃合したり、新しい事業を立ち上げる、といったことにもまったく抵抗感を持ちません。それこそ数年前まで、インターネットテレビを事業化するなど、誰も思っていませんでしたが、ゲームプロデューサーがテレビのプロデューサーになったりしました。彼ら彼女らも思いも寄らなかったことだと思います」

変化慣れしていく中で、社員自身も変化していける。人事では、「採用、育成、活性化、適材適所、企業文化」の５つのテーマに力を入れているというが、いったいどのようにして、こうした企業文化を創り上げたのか。次章から追いかけていく。

第1章　まとめ

●大抜擢されるための特別なキャリアはない
●早くから年上の部下を持つ経験を積む
●自ら手を挙げて「やりたい」人を称賛する
●周囲から支持されている人しか抜擢しない
●役職が人を育てる。役職で人は成長する
●子会社の経営には撤退ルールが定められている
●部下のブログやSNSを上司や経営陣が見ている
●取締役は上がりのポジションではない
●ポストを奪い合うような文化がない
●実力には「やる気」も含まれる
●月2回の人事異動により、絶えず変化を起こす

第2章

人材を育てるには経験させよ

――会社の成長を支えてきたのは「人事の考え方」

大事なことは、会社に合う人かどうか

サイバーエージェントでは、なぜ人が育つのか。

「もともと社長の藤田が、創業の時点から人事が極めて重要だと考えていた、というところが何よりのスタート地点になると思います」

こう語るのは、人事や組織、キャリアづくりに関する多くの著書も上梓している人事のスペシャリスト、取締役人事統括の曽山哲人《そやまてつひと》（45）だ。

1998年に上智大学文学部を卒業、伊勢丹を経て創業間もない1999年に入社。営業の責任者を経て、2005年に人事本部長に就任し、サイバーエージェントの成長を人事面から支えた人物として広く知られる。人事の世界では有名人だ。

「藤田は大学時代、ベンチャーの広告代理店で働いていた経験と、その会社の社長からもらった『ビジョナリーカンパニー』に感銘を受けて、人事の大切さを理解していくんです。創業当初から、採用に力を入れていたのも、そのためでした」

2000年に会社は上場。資金調達もできて大規模な採用ができるようになった。だが、その肝心の採用にサイバーエージェントは大失敗してしまう。

「新卒採用も行っていましたが、やはり当初は中途入社が中心でした。幹部も僕たちも

20代半ばでしたから、採用できる人たちといえば20代後半、有名大学卒の大企業勤務者ばかり。こういう採用が最もウエイトが高かった」

しかし、これは採用側のミスだったと曽山は言う。

「20代半ばの幹部の会社が、20代後半の社員を迎えようとすると、いろいろ必要になるんですね。肩書きも用意しないといけませんし、上場したばかりでしたから、ネットバブルに乗っかって来る人もいました」

入社してくる社員の動機がまさにバラバラだったのだ。

「しかも、こうやって中途入社し、上司になる人たちはインターネットのビジネスを知りませんでした。20代後半といっても、大企業だとマネジメント経験もない。その二重苦がある上に、創業期から会社にいる、やる気のある20代半ばの社員が下につくわけです」

与えられたポジションの中で、当たり前のように上司は上司としてふるまう。しかし、仕事をわかっていないので、命令しても結果は出ない。部下は刃向かえず、あきらめると業績が上がらない。そうすると、全体の業績が出ない

「どうなったのかというと、第二新卒など、結果を出してやる気のある20代の若い人たちがまず辞めていったんです。そうすると、チームの業績が上がりませんから上司にも負担が出て、彼らも辞めてしまった。こんなの会社じゃない、研修もない、諸々の規則もな

いと口々に言いながら。創業期に入社していた若かった社員とは、とにかくかみ合いませんでした」

2000年からの3年間、年間の退職率は30％にもなった。単純計算で、3年でほとんど入れ替わってしまうほどの退職率である。だが、この大失敗が後の人事戦略に大きく活かされていく。

「何より大事なことは、会社に合う人かどうかということです。これが、明確な採用の軸になっていきました。優秀やら有能やらというよりも、一緒に働きたい人を採用しようと決めたんです。会社はたくさんありますから、あくまで僕たちは、僕たちに合う人を採っていこうと。そこにこだわるという意思決定をしていくんです」

2003年、この決定がサイバーエージェントの人事の大きな転換点になる。そしてこの年、もう1つ重要な出来事があった。

「社員を大事にして長く働ける会社にしよう」

2003年の夏、サイバーエージェントの役員が初めて役員合宿をした。退職率の高さが業績に響いていた。そこで1泊2日で長い時間をかけて議論しようと考えた。

「長く働く人を奨励する文化にしようと、いろんな制度ができました。例えば新規事業プランコンテストの「ジギョつく」、家賃補助のルールなど、多岐にわたりました。藤田は後に、思いついたものは全部やる作戦だった、と言っていました。選択と集中とは真逆ですが、一手を打ったから解決できるほど簡単ではない状況だったからです。社員を大事にして長く働ける会社にしようと思いつく全部の手を打って、うまくいったら残していこうと考えたんです」

そしてもう1つ、このときに決まったのが、〝21世紀を代表する会社を創る〟というサイバーエージェントのビジョンだった。

「僕は当時、営業の中間管理職にいましたが、これはとても大きな出来事でした。実際、第二新卒で入社していましたが、当時の30歳前後の役員に、会社は何を目指しているのか、と聞いてもみんな言うことが違ったんです。時価総額を語る人もいれば、世界最高のインターネットマーケティングカンパニーと言う人もいた。これでは社員も戸惑います」

ビジョンがはっきり1つになるとわかったことがあった。

「反対と賛成が真っ二つにはっきり分かれるんです。ビジョンが3つあると、反対と賛成がクロスするので会社の論調が見えない。1つに絞ると、ワクワクする、よくぞ言ってくれた、というマジョリティがはっきり見えるんです」

抽象度が高すぎてビジョンではない、と言う社員もいた。

「それに対しては、上長がすべて対話して意図を伝えました。理解する社員は残り、折り合わないで退職する社員も出ました」

共感できた社員、つまり合う社員が残ったのだ。一方で、スタートした人事制度は多くがうまくいかなかった。

「多少は取り組みの手応えはあったものの、失敗している人事制度もたくさんありました。これはスタートアップがよく陥る罠なんです。いろんな人事制度をやるけどうまくいかない。うまくいかないけどまた新しくやる。でも、うまくいかない。この魔のループにはまっていたんですね」

新規事業プランコンテストも応募数が少なかった。いい事業案も出てこなかった。新人事制度はなかなかヒットしなかった。

「僕も営業にいましたが、ジギョつくに応募したことはありませんでした。忙しくて、そんな時間はないんです。『シラケのイメトレ』と僕は呼んでいるんですが、何かの人事制度を始めるときには、社内でどんなシラケが出るか、想定しておかないといけないんです」

これ手間だよね、面倒だ、特定の人だけが得をする……。そんなシラケが出ることを徹底的にイメージしておいて、それに先手を打っておかないといけないのだ。

「ところが、シラケを想定していなかった。たくさんのシラケが来てしまった。そうすると、人事としては策定した制度をやめたくなるんです。経営陣も、これは無理だ、と考えた策をやめてしまおうとする。だから、シラケのマネジメントがうまくいっていないとダメなんですよ」

どうして曽山にこんなことが思い浮かんだのかというと、自身が営業であり、人事畑ではなかったからである。それまでは制度を受け取る側だったのだ。

制度を作って2年。退職率は最悪は脱したものの、まだ20％ほどあった。そこで役員合宿で意思決定が行われたのが、人事部門の強化だった。2005年のことである。そしてこのとき、白羽の矢が立ったのが営業の責任者を務めていた曽山だった。

「当時の人事部門は、採用担当、労務担当など全員が中途入社した人事担当者だったんです。みんないい人でしたが生え抜きもいないし、人事以外の現場を経験した人がいなかった」

現場経験のある人を入れようという議論になり、曽山が選ばれた。

「営業部長で、すべての事業部長とパイプがあったから、とも聞きましたが、藤田に聞いたら違うことを言っていました。『（人事っ）ぽいから』と（笑）」

「決断経験」が得られる良質な環境を作る

もちろん、それだけではない。当時の人事トップに、曽山はチームビルディングに興味があることを伝えていた。学生時代にラクロス部のキャプテンを務め、強くなるチームを理解しているつもりだった。

「営業の副責任者の時代に、営業社員の育成プログラムを作ってほしいと藤田に頼まれたことがありました。営業が早く成功するチェックリストを作り、採用者が早く溶け込むための食事会を開催したり、当時はなかったトレーナーの制度を入れて定着率と早期戦力化の数字がとてもよくなっていた、という出来事も影響していたと思います」

人事本部長に就任した曽山は、現場目線で矢継ぎ早に制度を整え、実行していったが、一方で経営陣との間で議論を徹底的にしなければいけないと考えていたものがあった。人材育成である。

「どうやって人材を育てていくか。やっぱり研修が大事になるのではないか、ということを藤田や副社長の日高に投げていったんです」

戻ってきた象徴的な藤田の言葉を曽山は今も鮮烈に覚えている。

『でもさ、オレらって、研修で育てられてないじゃん』

曽山は衝撃を受けた。創業者が返しそうな回答だが、たしかにそうだと思った。ほとんどの会社が「そうは言っても研修をやりましょう」となっている中で、藤田や日高の言っていることも一理あると考えた。

「ただ、創業者の状況とは、やはり僕らは違うわけです。いろいろ悩んでわかったのは、育つ環境をどれだけ作れるのか、のほうが圧倒的に重要だな、ということでした」

折しも2003年、新しいネット広告の専門会社が社内に立ち上がっていた。その社長を務めたのが今、専務を務めている2000年に早稲田大学社会科学部を卒業後に入社の岡本保朗《やすお》（44）だった。新卒で入社して若くして社長になる「新卒社長」の第1号だった。

「その岡本が、会社経験を通じてものすごく成長したんです。業績はもちろん、人のマネジメント、戦略の設計、KPI……、すべて見なければいけない。トラブルもすべて自分で対応しなければならない」

ここで藤田は感覚的に気づいていたはずだ、と曽山は言う。社長を育てたいなら、社長をやらせるしかない、と。2003年時点で、「環境が人を育てる」という言葉を使っていた。抜擢をし、環境を提供し、仕事をさせれば人が育つ、という思想だ。

「ただ、そのポイントは何なのか、僕はずっと悩んでいたんです。それでわかったのが、決断力ではないか、ということでした。その決断によって、どれだけ価値のあるものが生み出せるかで、ビジネスはもちろん、その人の人生も決まる。必要なのは、胆力を高め、判断能力を高め、俯瞰力を高め、優れた決断をする力なんです。研修がダメなのではなく、決断力が育つ環境をどれだけ作れるかこそ、圧倒的に重要だと思ったんです」

人材育成のモデルでは、7割が実地、2割が薫陶やフィードバック、1割が研修だとよく言われる。

「言われてみれば、たしかにその通りですが、みんな7割をOJTという謎の言葉に置き換えちゃってるんです。実は何もやっていないに等しい。そうじゃなくて、藤田と日高が得られているもので研修で得られないものを考えたら、やっぱり決断だったんです」

曽山はこれを「決断経験」という言葉にした。「決断経験が得られる良質な環境」を作り続けていけば人は育つ。採用力も高まると考えた。

「もっと言えば、藤田が30歳のときにやっていた決断以上の決断を、例えば今の若いメンバーにやってもらうことを考える。そうすれば、藤田を超える可能性がある。藤田は作れないけど、藤田以上に決断できる若い人間を増やすことができるはずだと思ったんです」

意思表明をすれば、本当にチャンスが増える

世の中では起業がどんどん一般的になっていった。曽山の考え方は、優秀な人材がベンチャーを立ち上げたいので辞めてしまう、という課題もクリアにできると考えた。

「外に出ても活躍できる人材って、とてもいい人材じゃないですか。当時は残念ながら辞めてほしくない人に辞められていた状況がたくさんあった。もし、そういう人材が残って、さらに活躍してくれるとしたら、そのほうがいいに決まっています」

藤田の言葉に「相対的に良い環境を作る」がある。外の状況を意識して環境を作っていくのだ。

「社内で新しい分野を社長として任せる。起業としても利点は大きいんです。サイバーエージェントのリソース、例えばキャッシュとかマンパワーとかネットワークが使える。そうすれば、早く成功できる確率が高くなる。一人でスタートアップで法人登記の手続きとか、本業じゃないことに手を煩わされることも少ないわけです」

ただ、新卒社長しかり、人材を抜擢すれば、社内で軋轢が出ることが想像できる。嫉妬心も生まれる。実際、2006年の新卒社長の抜擢時にそれが起きた。ここでも、曽山はキーポイントを見つけている。

「新卒社長第2号で若手のメンバーを社長に抜擢したとき、抜擢されなかった人で不満を言った人がいました。中途のメンバーも、他の新卒でも」

曽山は、これにはっきりと答えることができた。会社を立ち上げるきっかけが新規事業プランコンテスト「ジギョつく」に手を挙げたことだったからだ。

「飲み会などで、どうしてあいつが抜擢されるのか、オレのほうが優秀だ、などと酒の勢いもあって直談判されることもありましたが、こう返したんですよ。え、ジギョつく出したの？」

曽山は公平性は大事にすべきだと考えていた。手を挙げられる機会はあったのだ。もちろん、選抜は結果が出せるかどうかで厳しく判断される。

「そう言うと、みんなドキッとしてくれたんです。そこから、意気に感じてジギョつくに出してくれる人も増えましたし、僕はこういうのをやりたいんです、と提案してくれる若手も増えた。そのときに、もっとこうしたほうがいいよ、とフィードバックしてあげれば、成長の機会にもなる」

以来、曽山が大事にするようになったのは、「意思表明」という言葉だ。意思表明をすれば、本当にチャンスが増える。逆に、意思表明をしなければ、チャンスは減る。

「実際、必ず3つの反応のどれかが来るんです。いいか、悪いか、無視か。でも、意思表明していない人はどれもない。自分でしか解釈できない。まったく違うんです」

意思表明した人は、他人の脳味噌を借りられるのだと曽山は言う。

「リアクションが来るからです。一人で内省していても、いつまで経ってもそれだけ。一人の考えにしかならない。だから、こうしたい、ということを意思表明してほしい、という空気を作っていったんです」

ただし、それを強制しないところが、またミソである。やりたいと言っているのに選ばれない、などということも起こるからだ。

「実際、ジギョつくもあまりに数が少なかったので、強制にしようと藤田に提案したことがありました。しかし、絶対にダメだ、と。強制にして落とされたり、フィードバックがなかったりしたら、腹が立つでしょ、と。だから、あくまで自分で手を挙げたいと思ったから挙げたという社員でないとフィードバックも受けない。だから、手を挙げさせておきながらフィードバックしない、ということは基本的にはやらないんです」

制度ではなく、風土となる事例を作る

「シャッフルランチ」「月イチ面談」「強みと弱みの面談メモ」「こみみシート」「議題は

人だけ会議」……。

曽山は他社でも知られるユニークな人事制度を次々に作ったことでも知られるが、実は必要なのは、制度ではなく風土だとわかっていったと言う。

「これは、社員とディスカッションをしていたときに、女性社員に叱られた言葉なんです。制度なんかあってもなくてもいい、風土がなくてはダメですよ、と。これがすごく胸に刺さりまして」

では、風土はどうやってできるのか。行き着いたのは、「事例を増やす」だった。

「例えば、近くにママ社員がたくさんいれば、ママ社員がいるという風土ができる。若い役員がいれば、そういう風土になる。新規の事業をやっている人がたくさんいれば、そういう風土ができる。事業を失敗してもクビになったりせず、むしろ再起して活躍していれば、そういう風土になる。だから、風土を作るには事例を増やせばいいんです。ただ、時間は絶対にかかります」

また、制度がうまくいかないのは、極めて簡単な理由によると言う。「成果の定義をしていない」からだ。

「やることが目的になっているからなんです。手段の目的化ですね。例えば、評価制度を入れよう、このプログラムを入れよう、というとき、何より大事なのは、成果の定義なんです。これはドラッカーから学んだ言葉ですが、成果を先に定義して、その成果になったかどうかが大事なんです」

では、成果はどう計るか。曽山は「ＯＫゴールを示せ」と言う。

「例えば、新規事業プランコンテストなら、通常のゴールは100件の応募、とかですよね。でも、ＯＫゴールはそれだけでは足りないんです。100件応募があっても、事業化につながらない案ばかりが100件集まっただけということもありえるからです」

ＯＫゴールを決めるときには、セリフを使うのだという。曽山の言葉でいうと「セリフメソッド」だ。

「例えば、新規事業プランコンテストのＯＫゴールを決めるとき、担当者にどうなったらうれしい？ と聞いたんです。そうすると、藤田が『すごくいい案があった』と言ってくれることだと。まさにそれだよ、と言ったんです。褒めセリフを目標にする方法を取ると、とてもわかりやすいんです」

メジャラブルにしよう、ＫＰＩで考えようというと、どうしても応募件数になってしまう。しかし、それは本来のゴールではない。経営陣の褒めセリフ、幹部の褒めセリフこそ目標にするのだ。人事は定性的なものが多いだけに「セリフメソッド」は有効だという。

「経営陣だけではないんです。例えば、新卒1年目に、『うちはどういう会社？』と聞いたとき、『凄いチャレンジャーが多い会社です』と言わせたいなら、そう言わせるよう事例を作っていく。風土を作るには事例を作り、事例を語るセリフが増えてくれば、風土はより強いものになる。セリフメソッドを徹底すれば、ＯＫゴールは比較的簡単に作れるんです」

どうして曽山には、こんな発想ができるのか。

「僕がもともと営業だからだと思います。業績を明確に自分で説明したいし、メンバーにもそれをちゃんと自信を持ってやってもらって、良かったらメチャメチャ褒めたいんです。ジギョつくで事業化に至らない１００件集まるより、１件でも『これ、いいね』と藤田に言われたら、メンバーもうれしいじゃないですか」

その意味で、「褒める条件を先に決めたい」のだと曽山は言う。

「経営陣から褒められていれば、基本的に経営陣の戦略と合っている前提になります。戦略が間違えていなければ、業績は伸びていく。会社に貢献できるんです」

人事は人事部だけではなく社員全員の仕事

意外なことだが、実はサイバーエージェントの人事制度で曽山が作ったものは、ほとんどないのだという。

「設計と運用はしましたが、コンセプトを生み出した人は、サイバーエージェント社内に、あちこちにいるんです。現場の社員もいますし、役員もそうですし、藤田もそうです。実は僕の自慢はそこで、サイバーエージェントの人事制度は僕が作っていないんです（笑）」

なぜか。人事が重要だということが、会社のベースにあるから。人事を全社的に変えれば、業績が上がるということを知っているからだ。

「その意味で、人事は人事部の仕事じゃないんですよ。人事は社員全員の仕事なんです」

サイバーエージェントは、人事を全員が意識しているのだ。そしてコンセプトを形にして全社に流行らせ、実際に社員の力を引き出すのは人事部。そうした意味で、人事部の機能は同社にとって重要性を増す。

「特にネーミングは大事ですね。人事制度は流行らなければ意味がない、とよく言いますが、流行るか流行らないかはネーミングで決まるんです」

実際、制度運用がいまひとつでも、ネーミングが良かったらなんとかなる、とも言う。

「人事には2つの機能があるんです。コミュニケーションエンジンという機能と、チャンスメーカーという機能です」

前者は、経営が考えたものや会議で決まった思想を現場まできれいに伝えていくこと。また、現場の悩みが大量にあり、十人十色だが、その本質を見抜いて経営に届けること。この翻訳や通訳が、コミュニケーションエンジンだ。

そして後者は、社員の才能を引き出して開花させること。チャンスを提供する。労務手続きを減らす。配置を提案する……。

「人事の仕事はとても大事ですが、人事制度はみんなで考えればいいんですよ」

加えて、人材を発掘していく仕組みが用意されている。「意思表明」もそうだが、第8章に詳しく説明する社内ヘッドハンティング「キャリアエージェントチーム」も動く。同時に曽山も含め、役員たちが頻繁に社員と食事などを通じてコミュニケーションを交わし、本人のみならず周囲の同僚たちのことについても話を聞き、有能な人材、ポテンシャルのある人材、適材適所を追い求めている。そして、ここから抜擢も行われる。

「ただ、抜擢に関してはとても大きなポイントがあるのが、サイバーエージェントの特色だと思います。それは、抜擢する人は人望がある人に限る、ということです。これは、藤田や日高が人間性をとても重視しているからです。なので、マネージャーの昇格基準は人望、人間性があることです」

だが、自分が昇進できなかったら、誰もが不満を持つし、悔しさも抱くことになるのではないか。

「でも、高い人間性がある人間が抜擢されると、あの人なら仕方がない、となるんです。だから、普通は不満を持つんですけど、人望があって結果を出せる人、出している人を抜擢すると、文句を言う自分の危うさに気づけるんです。周囲は、『何を言ってんだ？』ということになりますから。もちろん深層心理には不満はあるかもしれません。でも、自分のチャンスを自分でつかむということを、みんな大事にしていると思います」

サイバーエージェントはなぜ、「経営人材」「起業人材」を輩出できるのか。そしてなぜ、サイバーエージェントは創業から20年も経ち、グループで5000人もの規模になるのに、大企業のように官僚化しないのか。曽山は極めてシンプルな言葉で語ってくれた。

「簡単です。年次や経験に関係なく、手を挙げた優秀な人材に社長をやらせているからです。起業家を育てるために、起業家をやらせているんです。あとは、若手をどんどん抜擢しているからです」

それが何をもたらしたか。次章からご紹介していく。

第2章　まとめ

- ●人事が極めて重要であるという認識があった
- ●優秀さや有能さより、カルチャーに合う人材を採用する
- ●明確なビジョンを打ち立てると社員の価値観が見える
- ●人事制度には、「シラケのイメトレ」を
- ●営業責任者を人事の責任者に
- ●起業家は研修で育てられていない
- ●決断経験が得られる良質な環境を作る
- ●意思表明をすれば、チャンスが増える
- ●制度ではなく、風土がなければいけない
- ●風土を作るには、事例を増やすしかない
- ●人事制度は、成果をセリフで定義する
- ●人事は社員全員の仕事である
- ●抜擢する人は人望がある人に限る
- ●起業家を育てるには、起業家をさせる

第3章

子会社115社。今も続々と

——ここまで「新規事業」が生み出されていく仕組み

1000件の新規事業プランが出るコンテスト

若手をどんどん抜擢し、役職者や社長を委ねることで成長を加速させているサイバーエージェントだが、社長を委ねるには子会社がなければいけない。新しい事業がなければいけない。だから、サイバーエージェントは、新規事業、新会社設立に力を入れる。

実際、2019年9月30日時点の子会社は、合弁会社も合わせて実に115社にのぼる。だが、先にも触れたように、サイバーエージェントでは立ち上げられた会社がすべて生き残れるわけではない。厳しい撤退ルールが課せられており、うまくいかなければグループから退出しなければいけないのだ。

この115社というのは、その厳しいルールを乗り越えて残ってきた会社といえる。生き残り率は算出されていないそうだが、40％程度ではないかという。まだ設立から20年ほどの会社だ。となれば、とんでもない数の新規事業が生まれてきたことになる。どうしてこんなことができるのか。

新しい事業を生み出すために、サイバーエージェントはいったい何をしているのか。話を聞いたのは、2011年に慶應義塾大学経済学部を卒業し、新卒で入社した飯塚勇太(30)。サイバーエージェントには、新規事業創出担当という役割があり、これを担っているのが飯塚だ。新規事業をいかに生み出していくか、その旗振り役を務めている。

自身、化粧品販売やゲームアプリメディアを運営する子会社である株式会社シロクの社長を務める。実際の子会社社長、しかも若い社長に旗振り役を委ねているのは、新規事業創出を会社として重要視しているがゆえ、だろう。

「サイバーエージェントでは年1回、新規事業プランコンテストを開催しています。高い評価が得られれば、実際に事業を立ち上げ、子会社の社長になるチャンスも得られます。もともと2003年に『ジギョつく』という社内の新規事業プランコンテストができたんですが、それがいろんな形を経て変わっていって、私が担当することになりました」

現在は「スタートアップチャレンジ」という名称の事業コンテストになっている。2018年度は同年10月から2019年2月にかけて、4カ月ほど募集が行われた。過去には、なんと1000件を超える応募があったこともあるという。

「たくさん出てくることは、コンテストを行う、1つの目的でもありますね。サイバーエージェントらしさの1つだと思えるからです。プランを出してくるのは、やっぱり若い社員が多いです」

それにしても、グループ5000人規模の会社で、1000件のプランとは大変な数である。いったいどこに、これだけの新規事業のアイディアが社員から出てくる仕掛けがあるのか。

「1つは、応募のハードルをとにかく下げることです。応募する社員は、サイバーエージェントの現場で働いているので、大量の応募書類を求めたら、忙しくて準備できない。だから、簡単に出せることを意識しています」

応募フォーマットがシンプルで、簡単に入力、送信できるものにするのは当たり前のこと。応募段階では、事業のアイディアについても、深くは求めない。

「これはサイバーエージェントの新規事業のユニークなところだと思いますが、正直かなりざっくり始まるんです。市場と担当者だけが決まっていて、なんとなく始める。そこから、いろんな情報を入手した上で戦略を立てていく、というのが、オーソドックスなやり方です」

いくら時間をかけて綿密にプランを組んでもその通りにいくかどうかなど、まったくわからないのが新規事業。だから、とりあえず緩やかに始めてしまう、というのだ。プラン段階でも、事業が細かく詰められていなくてもかまわない。

「例えばスマートフォンでこんなメディアを作ろう、という大きな枠組みが決まっていれば、あとは大きな市場の中でいろんなやり方をして、当たる方法を見つければいい。あまり小さく詰めすぎると、身動きが取れない状況になってしまいかねません。だから、市場だけ決めておいて、その市場の中で、いろんな角度から勝負をして、なんとか成功させていくほうがいいんです」

コンテストの応募フォーマットは毎年変わるそうだが、シンプルに1枚程度。「一言でこの事業を言うなら」「市場の状況」「なぜ自分がやれるのか」の3点が問われるだけだという。

「いろんなチャレンジをしてみたい」が事業アイディアを生む

これほどの応募がある理由としてはもう1つ、新規事業プランの提出を、飯塚らが大いに盛り上げていくことだ。

「お祭りごとのように出してもらうことを意識していますね。この2年、連続でやっているのは、プランを出したいと考えている社員を集めて、勉強会をやること。例えば、希望者を集めて、全員で100のアイディアが出てくるまで勉強会が終わらない、なんて社内イベントもやりました。その場でみんなで、ああだこうだ言いながら、100のアイディアを出していく。他の社員のアイディアも刺激になって、やっぱり盛り上がるんですよ」

年間を通して何かをしているわけではない。秋のスタートから審査が終わる2、3カ月の間、いろんな勉強会を開催して盛り上げていくという。

「特に、やっぱり若い社員にチャンスを得てほしいんですよね。実際に、新規事業で社長になるチャンスが得やすいのがこの場ですから。相談がある人に関しては、いくらでも自分の時間を提供しますし、社内の投資部門の社員に協力を仰いだりもします」

そしてもう1つ意識しているのが、仕組みをあえて変えていくことだという。会社自体、絶えず変化を起こすようにしている、とは先に書いたが、これは新規事業プランコンテストでも同じだ。

「仕組み自体を新規事業のように変えていくことが、とても大切なことだと考えています。時代は変化していきますから、新規事業の作り方もやっぱり変わっていくべきだと思うんです」

この考え方が、コンテストのマンネリ化を防ぐ。ああ、また今年もやっているのか、といった社員のシラケムードを起こしにくくする。背景には、そもそも新規事業を生み出すことは、そんなに簡単ではない、という前提がある。

「もともと歴史としては、『ジギョつく』から始まったわけですが、大成功は出なかった。それで一度、形を変えて、いつでも提出していいという形になって、名称も『ジギョつくネオ』になりました。それでもうまくいかなかった頃、私のところに話が来ました」

飯塚はまず、社長の藤田と一緒に行う起業ゼミのような形を考えた。社内でゼミに参加したい社員を募り、月2回ほどゼミ形式でディスカッションしていく。この新規事業研究会に『NABRA《ナブラ》』という名称をつけていた。

「それを一通りやってみて、やっぱりもう1回、新規事業プランコンテストをやろうと考えました」

多くの会社が新規事業プランを求める制度を作っている。だが、そうそうアイディアが出てくるものではない。なぜこれほど、サイバーエージェントでは新規事業プランコンテストが盛り上がるのか。

「サイバーエージェントが変化し続けている会社ですから、そもそも社員も進化やチャレンジをしないとダメだよね、という文化がまずはあるんです。それこそ、ずっと同じ仕事をしている社員のほうが少ないと思います。新規事業をやりたい、子会社をやりたいというよりは、いろんなチャレンジをしてみたいという社員が、そもそも多いんだと思います」

実際、AbemaTVの番組づくりを担っている社員の中には、ずっとゲームの企画を担当していた社員もいる。異動が評価につながるから異動した、ということでもない。もしかすると、ゲームプロデューサーをやっていたほうが実績は出せるかもしれない。しかし、新しいことをやっていこう、変化していこう、ということが社内では当たり前の空気になっているのだ。

「僕は、社長の藤田自身が変化し続けているということが大きいんじゃないかと思っています。ＡｂｅｍａＴＶをスタートさせるとき、テレビ番組を作ったことがある社員は藤田も含めていなかったわけです。リーダーがああいう挑戦をし、役員陣も常に変化している。そうすると、必然的に現場の人間も何か新しいことをどんどんやっていかないといけない、と思うのではないかと思います」

実際、市場はどんどん変化していく。変わっていかなければ、市場自体がなくなっていったりしてしまいかねないのだ。インターネットの領域だけではない。今ではあらゆる産業で同じことが言えるのではないか。

事業アイディアよりも、人柄を見て決めたりもする

先に応募方法が変わると書いたが、サイバーエージェントの新規事業プランコンテスト「スタートアップチャレンジ」は、選考方法も毎回、変わる。これもまたユニークなとこ

ろだ。

2018年からの方式では、「書類選考」「面談」「決勝プレゼン」の3つのステップだった。

「書類選考は、私と普段は外部の投資をしている社員とで分けて一気に見ていきました。そこから良さそうなものを絞っていきました」

書類選考から次に進めるのは数十人、「決勝プレゼン」は十数人という狭き門だが、ここで興味深いことが1つある。選考にあたっては、ただ事業プランだけを見ていくのではない、ということだ。

「コンテストの運営の仕方はかなりオーソドックスだと思いますが、大きな特徴は、プランを出した人も見て評価をするということです。例えば、この新卒の社員は、事業アイディアは正直もうひとつだけど、やらせてみるのは面白いかもしれない、という結論が出ることもあるんです。事業アイディアよりも、人柄を見て決めたりもする、というのはユニークな部分だと思います」

書類審査でも、出した社員が気になるケースは「面談」や「決勝プレゼン」に進んでもらう。

「どんなことをしてきたか、どうして新規事業をやりたいのか、といった質問を通して、人柄を見ていきます。大事なところは、今の仕事でちゃんとやりきっているか、ですね。もっと言えば、元の職場から応援されて新規事業をやれるような成果を出している人かどうかです」

面談に際し、担当部署の人事から間接的にその社員の評判、どんな仕事ぶりか、どんな期待のされ方をしているかなど、聞くこともある。2018年は、飯塚と社長の藤田、投資部門トップの近藤裕文《ひろふみ》で「決勝プレゼン」の最終審査をしていった。

「基本はやっぱり藤田が見ます。3分ほどのプレゼンに藤田が2、3質問する」

そのプロセスがあるので、飯塚は選考でも「サイバーエージェントでやるべきか」ということに加えて「藤田がやりたいと思うか」も意識しているという。

最優秀賞、優秀賞があるが、数は決まっていない。必ず出すわけでもない。2018年には2つの事業が優秀賞を獲得した。2017年は最優秀が1つ。だが、必ず事業化されるわけではない。

「だからスタートアップチャレンジでは、アイディアを出す若い社員にも、藤田にもお願いをしているのは、手堅さを優先することなんです。思い切り大きな投資をする事業案は、経営の立場でも通しにくい。できる限り少ない資本でサクッとできるものをやって、大きくしていくほうがいい」

サイバーエージェントは、子会社が業態変更をすることも珍しいことではない。追加投資を受けて、しばらく経ってから大きな勝負をすることもある。

「だから、まずやることを優先して、あまりコストのかからないものをできるだけ考えていくことがポイントだと思っています」

大きな投資案件新規事業は「あした会議」で決定する

一方、大きな投資をする新規事業案件が出る場がある。役員会議や役員合宿、さらには第1章で少し触れた全社会議「あした会議」だ。もう10年以上、年1、2回開催されている。サイバーエージェントの未来を作るような新規事業や中長期の課題解決案、事業責任者や重要ポストの人事などを全員で考えようという合宿だ。「あした会議」とは何か。詳しく説明してくれたのは、前出の全社広報、上村嗣美である。

「社長の藤田が審査員になり、それ以外の役員はリーダーとして社員4人を率いるチームを持ち、提案内容を考えていきます。今は10人の役員がチームを持つので、1回の会議の参加者は50人ほどの規模になります」

興味深いのは、チームメンバーは部下ではなく別の管轄外の部門から役員によってチョイスされてくることだ。そうすることで、役員も管轄外の情報を手に入れることができ、より全社視点に立てるようになる。

チームメンバーには、幹部層はもちろん技術者や、初対面だが活躍ぶりが聞こえてくる若手社員などが役員によって抜擢されることが多い。毎回同じ社員が選ばれるわけではない。「あした会議」に参加した社員は、大きな刺激を受けるという。

「ここで決まったことは、サイバーエージェントという会社の決議事項になります。自分が関わった提案が会社を動かし、本当に変えていくという体験ができる。そういう場になるんです」

新規事業をどんな目線で見るか、会社の課題をどう考え、どう解決しようとしているか、会社は中長期でどんなことをやろうとしているか。こうした経営的な目線に社員が立てることは、そもそもそう多くない。

「しかも、役員が率いるチームの提案に、社長が点数をつけていくので、社長がどんなことを考えているのか、会議を通じて社員も理解することになります。私も参加したことがありますが、やはり自分の目線がかなり上がったという印象がありました」

経営の決断の場に自分も立ち会うことで、普段の仕事でも現場だけの視点ではなく、経営的な目線も持てるようになるのだ。

「例えば、人事異動を伴う提案の場合、人を抜かれる部署は、優秀な人材が引き抜かれるわけですから、とても困るわけです。しかし、あした会議のような場を通じて話を聞いていると、現場がどうとか、自分の部下がどうとかではなく、会社のためにベストな選択は何か、という視点で考えられるようになります。だから、人事異動もスムーズになるんです」

先に書いた、上司の統括が新規事業部門に行くことになった取締役の山田や、前任社長が全社のマーケティング責任者に引き抜かれたアプリボットの浮田のケースはまさにこれだ。また、山田は自ら「あした会議」の場で「統括をやりたい」と直訴した。会社のための提案ができるだけに、こういうことも可能な場なのである。

そして「あした会議」は、実は新規事業プランコンテストともリンクする。「あした会議」では大きな投資を伴う新規事業のアイディアなどが生まれてくることも多いが、プランの出し手は個人ではない。そこで問題になるのが、「誰に新規事業を任せるか」なのである。再び、新規事業創出担当、飯塚の言葉である。

「役員会議で決まった新規事業もそうですが、その責任者や役員の候補として、スタートアップチャレンジにアイディアを出していた人が抜擢されることが多いんです。プラン提出者は、新規事業をやってみたいという意思表明をしていることになる。だから、１年経たずに社長や取締役に抜擢されるケースもあります」

スタートアップチャレンジは、会社にとって新規事業を担うポテンシャルがある人材を見抜くチャンス、その機会にもなっているのである。ただ、コンテストを主催する飯塚はそれほど肩に力は入っていない。

「新規事業創出担当ですが、何か特別なチームがあるわけでもありません。いろんなことをサポートしてくれる人事の社員がいますが、あとは私から頼っていく。これもサイバーエージェントの文化だと思いますが、いろんな部署で協力してくれる人を適宜、募って一緒にやっている感じですね」

これは、あえてそうしているのだという。

「そんなに大きな役割だと思ってやらないようにしているんです。中央から細かく何かを言ったり、細かな仕組みに乗せるのは、あまりサイバーエージェントらしくないな、と私は思っているからです。ある種ちょっとカオスな部分を残しておいたほうがいいかな、と」

この「緩さ」がまた、実はいいのかもしれない。次回のスタートアップチャレンジは、また何かが変わる。次は何が飛び出してくるのか。社員もそれを、もしかしたら楽しみにしているのかもしれない。

第3章　まとめ

- ●新規事業を増やすには専任担当を作る
- ●新規事業プランコンテストは応募のハードルを下げる
- ●応募フォーマットはシンプルに1枚程度
- ●事業アイディアはざっくりで構わない
- ●応募を盛り上げるイベントを企画する
- ●進化や変化がないとダメ、という文化を作る
- ●事業アイディアより、人を見て決める
- ●書類↓面談↓決勝プレゼンには社長が出席
- ●50人ほどの全社会議「あした会議」でも事業を検討
- ●役員の仕事を垣間見ることで経営的な目線を知る
- ●コンテスト応募者は、子会社社長の候補になる

第4章

2019年卒の新人女性社長！

――内定者なのに社長になれてしまう理由

インターンシップから選抜され、社長にプレゼン

新規事業プランコンテスト「スタートアップチャレンジ」の場が用意されており、若い社員でも新規事業を率いたり、子会社社長という起業家への道が開けているサイバーエージェント。若い社員には、これが大きなモチベーションになっている。実際、前出の最年少取締役の山田も4年目まで毎年、コンテストのアイディアを出していたと語っていた。

だが、チャンスは若い正社員にだけあるわけではない。なんと驚くべきことに、入社前の内定者にもそのチャンスがあるのだ。もっと言えば、内定する前のインターンシップで起業のチャンスを手に入れてしまった人物もいる。2019年入社で、2018年の内定中に株式会社CAmotion社長に就任した村岡紗綾《さあや》（23）もそのひとりだ。

「会社のサンプルをそんなにたくさん知っているわけではないので、こんなものなのかもしれないな、と思ったんですが、後から他社の起業支援制度についての話を聞くと、他社はスピード感がまったくない、サイバーエージェントが早過ぎるんだと気が付き、驚きました（笑）」

東京大学後期教養学部在学中、サマーインターンシップに参加した。もともと広告代理店志望。伝えることに興味があった。伝える力があれば、ユーザーの好きな気持ちを創出

できると考えていた。サイバーエージェントは、広告代理店として興味を持っていた。インターンシップ後、村岡は人事に声をかけられる。

サイバーエージェントには、全国各地で開催されるさまざまなインターンシップの中から、選抜された学生のみが参加できる場を２０１６年から用意していた。それが、インターンシップの頂上決戦「ＤＲＡＦＴ《ドラフト》」である。村岡は、２０１８年の第3回「ＤＲＡＦＴ」に参加することになった。

インターンシップには、相当な数の学生が参加する。その中から25名が選ばれ、４～５人ずつのチームに分かれてビジネスアイディアを競う、というのが「ＤＲＡＦＴ」だ。村岡は、なぜ自分が選ばれたのか、人事のスタッフから直接、聞かされたという。

「リーダーとしてぐいぐい引っ張るのが得意な人は他の人の気持ちを尊重しなかったり、すべて自分で抱え込みすぎるタイプも多い中、チームに対する意識が強くて、できないことをはっきりさせて、それをサポートしながら、全体を見た上で進めていたよね、と。リーダー的な視点があった、ということを言われました」

広告代理店志望だったが、村岡が「ＤＲＡＦＴ」に興味を持ったのは、社長の藤田に直接、提案ができる、という点だった。

「しかも、優勝したらインセンティブの会食が用意されていて、お鮨が食べられる、と聞いて（笑）。もちろん、やるからには一番を取りたいと思いました」

アイディアが事業化される可能性もあると聞いていた。

「ただ、やっぱり学生のアイディアだから、事業化されることなんてあるのかな、と正直思っていたんです」

「DRAFT」は、各チームが10日間でビジネスアイディアを出す。最後の3日間は合宿をし、最終日の提案まで持っていく。

「最初は、サイバーエージェントっぽい人たちが集まっているなぁ、という印象でした。元気で、やる気があって」

チームには社員のメンターが2人ついた。しかし、手取り足取り、フォローしてくれるわけではない。事業アイディアの作り方を教えてもらえるわけでもなかった。

村岡のチームは男性3人と村岡の4人。全員が初対面である。人間関係づくりも含め、まさにゼロからビジネスアイディアまで、到達しなければいけなかった。

100のアイディアから1つに結実

インターンシップで選抜された25名、という緊張感もあったのかもしれない。最初はみんな、かなり遠慮していたらしい。村岡は広告代理店志望でもあり、広告のインターンシップしか経験していなかった。

「ビジネスアイディアにつながるような事業系のインターンシップには、私は行っていないので、みんなのほうが詳しいでしょ、と初日は一歩、引いていたんです」

最初のドラマは初日の懇親会で起きた。メンターの2人とチームの4人で飲み会が開かれた。

「飲み会が始まってしばらくして、正直に言っちゃったんです。みんなすごく遠慮していて、このままじゃ勝てなくない？　と。でも、私は自分ができない、やったことがないからみんなに任せる、みたいになるのも良くないと思っていて」

過去にも、遠慮して打席に立たなかったことで、負けた経験があったのだという。

「このままだと自分のこんなスタンスで負けてしまうかもしれない。みんなに迷惑をかけてしまうかもしれない。そんなふうに考えているうちに、涙が出てきてしまって」

泣きながら、思い切って自分の考えをぶつけようと思った。

「渾身の一案、とかを出すんじゃなくて、とにかくどんどん遠慮せずに意見を出し合って、そこから考えない？　と。そこから、チームが本音で言い合えるようになって」

翌日から、アイディアを出しまくった。3日間で100案がチームでできた。

「ビジネスの知識のない学生でも、こんなビジネスがあったら、というだけなら、いくらでも出せると思ったんです。出てきたビジネスモデルでマーケットをずらすとか、マネタイズのモデルをずらすとか、ターゲットをずらすとか。それだけで、市場とかモデルとか、山のようにある。それをずらしていくだけで、ポンコツの案かもしれないけど、100案、200案は出せると思っていたんです」

とにかく行けそうな雰囲気のものをちゃんと出していった。そんな中で、チームの役割ができていった。メンバーは、後の事業化の会社のコアメンバーになる。

「みんなリーダーに向いている人ばかり。でも、最後は私がリーダーになって。私はそんなにリーダーにこだわっていたわけではありませんでしたが、それも1つの役割かな、と思いました」

最終的に、1つの案に結実した。まだリリースされていないので詳細はオープンにできないが、大きな特色を持ったマッチングアプリだった。

「肌感覚かもしれないですけど、ホワイトボードに書かれたアイディアを見たときに、いけそう、と思ったんです。代理店のインターンシップで、いい提案ってシンプルに伝わることだと感じていました。これは、ビジネスアイディアもそうなんじゃないかな、と。ごちゃごちゃしてわかりづらいものは、投資家にもわかりづらいし、ユーザーさんにもわかりづらい。パッと聞いたときにイメージができて、広がりがあって。実際、そのとき提案したものを、そのまま今、開発しているんです」

アイディアを誰が出したのかは、実は覚えていない。たくさん書き出すうちに、キーワードが定まり、ホワイトボードに残ったのだ。実はメンターからは、その事業アイディアは、賛同を得られなかった。しかし、自分たちで決めた。

「最後の3日間の合宿では、損益計算書や出資計画も作りました。作り方がわからないので、ここはメンターの方に聞いたりしました。どういうものに、どのくらい費用がかかるのかも、自分たちの感覚ではリアルなものにはならないと思ったので、メンターさんに聞きました」

ニーズに関しては、調査会社を入れることはできなかったが、友人などユーザー層にきちんとヒアリングした。提案書にも、ユーザー視点を盛り込んだ。

「自分でマッチングアプリを使っていたというのもあります。クリックしてイエス・ノーとかを選んでいくものが多いんですが、その体験自体が流れ作業みたいで楽しくないと思いました。その体験の質で、マッチングアプリは良くない、という判断をされてしまう。もっと楽しくできるものにしたかった」

新人社長が「採用」したのは、内定中の同期2人

最終プレゼン用のスライドは、コンセプトから実際の利用イメージ、ユーザーインターフェース、さらには簡易的にユーザーインターフェースのイメージがわかるモックアップも作り、どんな気持ちを創出できるのかを書いた。

「社長は提案時にはそれほど数字を重視しない、ということも聞いていましたので、数字よりも、今こういう状況だから、こういうサービスがいい、ということにフォーカスしていきました」

いよいよプレゼン当日。会場となったホテルに社長の藤田が入ってきた。

「さすがに学生のインターンシッププログラムに社長が出てくるって、なかなかないですよね。だから、自分の中の暗示のようなもので、社長が来たと思うと緊張してしまうと思って、いろんなことを淡泊な情報として受け取ろうとしていました（笑）」

プレゼン時間は1チーム3分。その後に、藤田の質疑が入る。村岡たちの順番は最後だった。他のプレゼンも、しっかり聞いていたという。

「自分だったらどう思うのかを認識して、それから社長がどんな質疑をするのかを聞いて。そこでシンクロしていたらいいな、と思いました。でも、ああこんな視線で見ている

んだ、と驚きました。想定問答集も用意していましたが、なるほどこう聞かれたらこんなことを答えよう、とずっと考えていました。順番が最後というのはラッキーでした」

プレゼンテーションは、村岡自身が行った。手応えを感じていた。

「合宿の最後に、マッチングアプリとしての体験をもっと面白くするために、どんな機能を入れ込もうか、ということを徹夜で考えた案があったんです。実はこれが、質疑応答で、社長にものすごく刺さっていたことがわかって。うれしかったですね」

30分ほどの審査時間の後、優勝が発表された。その日のうちに、新規事業創出担当の飯塚がやってきて、社長に事業化、子会社化を提案したと聞いた。藤田も乗り気になり、一気に子会社化の話が進んだ。

ところが、1つ問題があった。村岡はインターンシップには参加していたが、実はサイバーエージェントの採用試験をまだ受けておらず、内定を得ていなかったのだ。

「なので、翌日、内定通知書をいただくことになって（笑）。開発にかなり時間がかかることがわかっていたので、内定中にスタートしてしまおう、ということになりました」

「DRAFT」が行われたのは、2月後半。4月2日には会社登記が終わった。資本金は4000万円。メンバーは、「DRAFT」のチーム4人。ほとんど単位を取り終えているメンバーは週4日は会社に来ることができた。

「お給料をどうしようかとか、評価制度をどうしようかとか、そういうことは管轄の役員に任せようと思っていました。それよりも、事業をどうするか、いいものを作るときに自分たちがやるべきことは何か、ということにフォーカスしていこう、と」

会社が立ち上がってしばらくして、デザイナーとエンジニアを採用した。クオリティの高いものを作っていくために、早くデザイナーが加わるべきだと考えたのだ。2人ともに、2019年入社の同期。入社前の内定段階から加わってもらった。

「サイバーエージェントのサービスは、かなりのクオリティが求められます。デザインもそうですけど、設計についてもちゃんと考えないといけない。ただ、管轄の役員があれこれ指示してくれるわけではありません。自分たちでやっていかないといけない」

もちろん事業を作ったことはない。アプリケーションの開発をしたこともない。そんな中で、どこまで自分たちの思い通りにやれるのか、という不安が実はあった。だが、それはまったくの杞憂だった。

「実は社内起業って、そうはいってもサラリーマン的だと思っていたわけです。それこそ同世代には、起業家はたくさんいるし、外から投資や出資をもらって事業をやろうとしている人も多い。そうすると、いろいろ言われるわけです」

こんな声があったという。本当の意味でリスクを取ってないよね、いつでもやめられるでしょ、サイバーエージェントって子会社いっぱい作ってるしね……。

「では私たちが、意思決定権を完璧に会社に持っていかれているのかというと、全然そうじゃないんです。むしろ、勝手に決めて、勝手に進めて、勝手に成功してくれ、みたいな雰囲気がある。外の人が思っている以上に裁量権があるし、自分たちでチームの雰囲気を作ったり、文化を作ったり、プロダクトも推し進めないといけない。思っている以上に自由度が高かったんです」

無茶なことをさせる会社だから学びになる

社会人1年目どころか、入社前から会社の社長になってしまった。ウェブメディアの取材なども受けることになった。だが、村岡は極めて冷静だ。

「私のまわりは、どちらかというとあまり就活をせずに、起業したり、自分でビジネスをやっている人たちが多かった。静かにプロを目指している人が少なくなかったので、周囲も一人また面白いキャリアの人が出たか、という感じでした」

リーダーとして、社長としても肩に力は入っていない。

「私にあまりリーダー経験がなかったので、意識していたのは、マネジメント経験がなくてもチームが覚悟を持って仕事に向かえるようにしていくことでした」

メンバーにあえて2019年卒の同期を選んだのは、内定者の頃から新規の開発に携われるということに、大きなプライオリティを持ってもらえると思ったからだ。

「実際、それが最も大きなモチベーションエンジンになると思いましたので。すごい経験ですし、覚悟を持ってやりきることが個人の成長につながる。それが組織の成長のベクトルと一緒だったらいいよね、という話をよくしています。そこを強調することで、みんなよりいっそうオーナーシップを持って進めてくれるようになったと思っています」

開発は今も続いている。もともと1年半は開発の時間に当てる予定にしていた。そして新たに3人のメンバーが加わった。これは2020年入社の内定者だ。

会社ができてしばらくして、社長の藤田とランチに行く機会をもらった。いろんな話をしたが、強烈に覚えているのは、それから1年後にまた話を聞いたときのこと。開発が始まって1年、いろいろなものが少しずつはっきりとしてきたときだった。

「PRの方法など、いろんな相談をしたかったんですが、こう言われたんです。『まぁ、いろいろ難易度高いことがたくさんあると思うし、そこに答えなんかないと思うけど、死ぬほど考えて』と。これは、けっこうしびれた言葉でした。開発途中ですし、まだまだ長い暗いトンネルだと思っていたんですが、そうなんですよね。今はとにかく考え切らないといけないんですよね。今、どれだけ考えているかで決まるんだ、とハッとして」

経営者の仕事とは何か。改めて考え続けてきたという。

「よく意思決定をすることだと言いますが、連続的に何かを積み上げていくことは、現場のプレーヤーでもできるし、やらないといけないと思うんです。そうじゃなくて、経営者がやるべきは、それを１３０％とかではなくて、１８０％とか２００％とかのレベルで飛躍的に伸ばしていくためにはどうすればいいか、だと思っていて。そのために、社長はどんな役割を果たすべきか、個人の成長をどうするべきか、組織体制をどうするか、事業の方向性をどう定めていくか、それを考え尽くすこと。シンプルにそこかな、と思っています」

社長だからこうしなければいけない、というより、臨機応変に自分の中の社長像を変えていきたい、とも語る。

「いろんな経営者の本を読むようになりましたが、みなさん社長歴が長いので、ものすごく洗練された社長観が並べられているんですけど、私はまだ1年目ですので、社長像を固めることをせずに、社長像をアップデートしていければいいと思っていて。たくさんインストールしていきたいです」

いきなりの社長に、社内で同期たちは戸惑っていたりはしないのか。

「同期の集まりにも普通に行きますよ。みんな向き合っているミッションが違って、それぞれ仕事を一生懸命やっているので、何か変だとか、誰もそういうことは思いません」

村岡は今も、会社を設立したときの、管轄役員の言葉を忘れることはない。

「私たちの成長に4000万円を払っただけだ、ということです。最初はピンと来なくて、他の会社の社長に笑って伝えていたりしたんですが、考えてみたらすごいことだな、と。もし事業の成功を確度高く考えようと思ったら、もっと経験を積んだ年次の高い社員に任せたほうがいいに決まっているんです。それが普通の人、普通の会社の思考ですよね。私が社長でもきっとそうするかな、と思って」

だが、サイバーエージェントはそうはしなかった。4000万円という額を当時、内定者だった彼女たちに委ねたのだ。

「まだ社会にも出ていない人間に、ポンと『じゃあ、やってみて』と言える覚悟がある。しかも、決まったらサポートするという体制も整っている。この会社はとんでもないな、と思うわけです」

インタビューをしたのは、入社から半年経っていなかった頃。だが、とんでもない成長実感を得ていると彼女は語っていた。

「無茶なことをさせる会社。でも、だからすべてが学びになる。あとは、私たちが結果を出すしかない。社会にインパクトを与えることをやらないといけない」

クリエイティブなことがしたい、と考えて広告代理店を志望していたが、その考えは吹き飛んでしまった。広告でクライアントの要望するものを作るのではない。自分たちが、世の中に必要だと思うものを作っていくのだ。

第４章　まとめ

- 内定者にも新規事業プランのチャンスがある
- 内定者でも子会社社長になることができる
- インターンシップから選抜し、チームでプランを競う場がある
- 学生チームはメンターがフォローする
- 社長の藤田がプレゼンを受け、質疑も行う
- 子会社には想像する以上の裁量権を持たせる
- 内定者を子会社で採用しても構わない
- 経営者の仕事は、飛躍的に事業を伸ばすこと
- ベテランではなく、若手に委ねているのは意味がある

第5章

昇格、撤退、競争意識

——2つの管理制度で事業を成長させる

経営人材育成システム「CAJJプログラム」

筆者の私自身、若い役員や子会社社長が輩出されるニュースを見て、サイバーエージェントにはもともと関心を持っていたのだが、それが決定的になったのは、子会社の1つ、株式会社ウエディングパークの日紫喜誠吾《ひしきせいご》社長の著書の制作をお手伝いしたことだった。ウエディングクチコミサイトを運営するウエディングパークは1999年設立。元々は、買収して子会社化した会社だった。サイバーエージェントグループになった初期の極めて興味深い話を、そのときに日紫喜社長から教わったのである。

すでにその頃から、サイバーエージェントは新規事業に積極的だった。若い社員が子会社社長に就任、次々と新しい事業がスタートしていった。だが、サイバーエージェントの子会社経営は決して甘いものではなかった。

当時、20近い新規事業群を経営管理するために、期限内にうまくいかなければ事業を撤退するルールが定められていたからだ。名称は「CAJJプログラム」。「CAJJ」とは、「サイバーエージェント（CA）の事業（J）と人材（J）を育成する」の略である。

わかりやすくいえば、Jリーグのようにリーグのステージを上がっていける仕組みだった。まずはJ3で始まり、スタートから半年以内で粗利月500万円を達成できるとJ2

に上がることができる。

Ｊ２に上がり、１年で粗利月１５００万円かつ黒字になれば、Ｊ１に上がることができる。日紫喜はウエディングパークの社長を任されたが、「数字が出なかったら、撤退」を申し伝えられた。

しかも、半年で粗利月５００万円というのは、ＩＴベンチャーには、それなりに高いハードルだ。しかも、それをクリアしても1年後には粗利月１５００万円が待ち構えている。こういった基準をクリアしなければ、撤退もしくは責任者の交代が検討される。

業績目標以外でも甘くなかった。当時は、渋谷マークシティというインテリジェントビルに本社があったが、「こんな立派なビルにいると、ハングリー精神がなくなる」ということで、新規事業組はこのビルを出て、古い雑居ビルに移されたのである。

20ほどあった新しい事業のほとんどが、そこに移った。渋谷駅からかなり距離があり、しかも歩くとみしみしと音がするような古いビルだった。ここに新規事業の責任者が全員集められ、事業をスタートさせたのだ。もちろん資金も潤沢に出てくるわけではない。

Ｊ3だけが集まる古いビルで結果を出せれば、オフィスもＪ２仕様に移ることができる。ちょっとだけトイレがきれいになったり、会議室が増えたり。

日紫喜は当事者だったが、サイバーエージェントという会社の活性化のうまさに感心したという。同じ状況の仲間が集まり、切磋琢磨して励まし合いつつ、競争もするのだ。「ちょうど、藤子不二雄や石ノ森章太郎などの漫画家をたくさん輩出したトキワ荘のようなものです」

と日紫喜は著書に書いている。だが、現実は厳しかった。先に入居していて、「日紫喜君、頑張ろうぜ」と言っていた別の子会社の社長が、いつの間にかいなくなってしまったりする。撤退ルールに触れてしまったのである。

一方で、新しくJ3ビルにやってくる社長もいる。緊張感がある中で、なんとか生き残りをかけて必死に頑張るのだ。

だが、サバイバルは半端なものではなかった。当時の20ほどあった中で、今でも残っている事業は、ウエディングパークとアメーバブログくらいだという。

厳しい仕組みだが、これがなかったら創業の苦しみは感じられなかった可能性がある、と日紫喜は語っていた。自身、起業がしたいという目標を持っていたが、経営者は甘いものではないことを痛感させられた。

どうしてサイバーエージェントは、こんなことをしたのか。それは、事業を育て、「経営人材」「起業人材」を育てたかったからだ。事業も育てたいけれど、その担い手となる経営人材を育てなければサイバーエージェントは大きくならなかったのである。

あれから20年。今のサイバーエージェントの成長ぶりを見ていると、まさにその通りだったのではないか、と日紫喜は語っていた。人が育ったからこそサイバーエージェントは事業の広がりを、そして今の成長を手に入れることができたのだ。

サイバーエージェントの急成長を支える仕組みの1つであるCAJJは、今もルールを変えて進化している。

新規事業マネジメントシステム「スタートアップJJJ」

前出の新規事業創出担当・飯塚勇太には、スタートアップチャレンジの運営と並ぶ、もう1つの役割がある。それが、サイバーエージェントの現在の新規事業マネジメントシステム「スタートアップJJJ」の運営だ。これは、事業（J）、人材（J）、時価総額（J）からのネーミングだ。

「CAJJプログラムは、2003年にスタートしましたが、その後グループ規模の拡大に伴い、昇格・撤退基準の見直しを行いました。黒字化し、収益化した事業と子会社がCAJJというマネジメントシステムに組み入れられています。一方、私が運営しているスタートアップJJJは、黒字化前のスタートアップ事業が組み入れられ、条件を満たせばＣＡＪＪに昇格します」

まずは、現在のＣＡＪＪプログラムを紹介していこう。２０１９年11月現在で、その数は23。営業利益が四半期あたり10億円以上のＪ１、１億〜10億円のＪ２、１億円までのＪ３に分かれている。Ｊ１には、ゲームの企画・開発・運営などを行うＣｙｇａｍｅｓ《サイゲームス》のほか、インターネット広告事業本部などがある。

Ｊ２には、ウエディングパークをはじめ、第１章で登場したアプリボット、後に登場するマッチングエージェントなどが並ぶ。

Ｊ３には、ｅスポーツ事業などのＣｙｂｅｒＺ《サイバーゼット》、キャスティング・ＰＲ事業のＣＣＰＲ、さらにはこの後ご紹介するクラウドファンディングサービス運営のマクアケなどがある。

厳しくなったときのルールも定められており「資金ショート」「1年半連続赤字」「３Ｑ連続粗利減少」のいずれかで撤退もしくは、事業責任者の交代をしなければならない。

「ＣＡＪＪ」は、スタートアップ期は過ぎている子会社、事業ばかりなので、先に書いたような「いつ撤退条件に触れるかわからない」という緊張感はなさそうだが、そこはサイバーエージェント、やっぱり甘くないのだ。

「23の子会社、事業は営業利益でランク付けがされているんです。ＣＡＪＪは月に一度、集まって事業報告をしていますが、座席はそのランク順。そして、その順番でプレゼンテーションをしていきます。前月に5番目に座っていた会社が、次は10番目に座ることになるかもしれない。ある種、ハングリー精神を刺激されますね」

最後に近づけば近づくほど、居心地が悪くなっていくのは言うまでもない。しかも、下手をすれば撤退の議論になる。実際、新陳代謝を促すという意味で、サイバーエージェントでは撤退は決してネガティブに受け止められるものではないのだ。

「撤退ルールの条件をなあなあにしない、というのは極めて重要なことだと思います。インターネットという新しい事業だからこそ、うまくいかない場合にはすぐに引くという見極めをしないといけない」

そして、ランクづけ、あからさまな席順という緊張感に加え、月に一度の事業報告の場が大きな意味を持つという。

「業績、先月どうだったか、今月以降、何をするかという話を全事業、毎月、聞くことができるわけです。伸ばしている会社、成果を出している会社がどんなことをしているのか、理解できる。質問もできる。それは子会社経営には大きいと思います」

うまくいっている会社は、やはり戦略に基づく一貫性があるという。これをやる、と決めればきちんとやり、それで成果を出す。それを繰り返して、どんどん大きくなっている。

「逆にうまくいかない会社は、こうすると言っているけれど、まったくそれがやりきれていない会社が多い。その意味では、当たり前のことを、当たり前のようにやっていることが伸びている経営者なんだな、ということがわかります。実際、そういうことができるよう、しっかりチームを作っていたりしますね」

どうして飯塚がこんなに詳しく知っているのかというと、自身、経営する子会社シロクが、ＣＡＪＪプログラムに入っているからである。

内定者起業の2年後に待っていた辛酸

飯塚は、慶應義塾大学経済学部在学中の内定者時代、当時の新規事業プランコンテストの「ジギョつく」で優勝した。高校時代にビジネスに興味を持ち、藤田の本やブログを読むようになった。それが、リアルタイムのニュースと連動していると知り、まるで現実を舞台にした面白い小説が展開されているように感じられたという。

「有名スポーツ選手が活躍する姿を見て、プロの選手を夢見るのと同じ感覚で、ビジネスの分野に身を置いて大きなインパクトを残す経営者になりたい、という気持ちが高まりました」

大学では1年生からＩＴ系のさまざまな会社でインターンシップとして働いた。そして就職先として選んだのが、サイバーエージェントだった。内定をもらうと、すぐに内定者バイトを始め、社長の藤田との接点を持った。

そして内定者として仲良くなった同期と写真共有アプリ「Ｍｙ３６５」のアイディアを思いつく。これを実装するとヒットした。接点のあった藤田から、サイバーエージェントの中で続けるオプションをもらった。内定中に子会社を設立、社長になった。

「就活生のとき、２つ上の先輩が、１年目で子会社の取締役に選ばれた、というのをニュースで見ていて、これがサイバーエージェントの志望のきっかけにもなっていたんです。この人が取締役だったので、僕は社長をやりたいとは思っていましたが、藤田に内定中に起業を勧められたときはうれしかったです」

メンバーは同期４人。飯塚がプロデューサーで、３人はディレクター、エンジニア、デザイナー。１億円で、事業内容やお金のやりくりもすべて自分たちで考えろ、と藤田には言われた。

「追加投資の説明も受けましたが、それだけのお金があれば、さすがにうまくいくだろうと正直思っていました。ただ、当時は名刺の渡し方すら知りませんでした。ビジネス経験もなく、具体的な事業計画もなく、考えていたのは、とにかくサービスを拡大させることだけで。お金の使い方もわかりませんでした」

ユーザーはどんどん拡大していったが、どうビジネスにするかが見出せなかった。もし黒字化はできても、サイバーエージェントの中でやる意味があるほどの規模になる構想は、描き切れなかった。事業は停滞する。

「同期4人、それぞれ会社経営に対する考え方もまったく違ったんです。目の前のサービスを大きくしたい。10年後のビジョンを掲げる。とにかく生き残ればいい……。だから、当時はよくケンカしていて、意思決定にとても時間がかかっていました」

一方、サイバーエージェントという会社は違っていた。役員が向かう方向が一致していたからだ。

「意思決定というのは、何をプライオリティにするかによって変わるんです。それがみんな同じなら、同じ意思決定ができる。何より気づいたのは、このことでした」

気づかさざるを得なかった。設立3年目、会社が潰れそうになったからだ。投資委員会の厳しい承認会議を経て追加出資をしてもらったが、6カ月しかもたない額しか得られなかった。

「当時、正社員は6人。人件費を削っても変わらないとわかって、オフィスを当時あった渋谷マークシティから引っ越しました。家賃が6分の1になりました。お金がないので業者を使わず自分たちで机を運んで」

4人の幹部で決めたのは、シロクをサイバーエージェントと同じくらいの規模感で、同じくらいの歴史で成長していく会社にすること、だった。だから、サイバーエージェントの昔の業績の推移と自分たちの業績の推移を比較して、今の事業成長のレベルで足りなかったら新規事業を始めたり、事業のやり方を変える。それを大前提のルールとした。これが決まると、もうケンカはなくなった。

「そこまではキツかったですね。でも、シロクという会社が大切でした。仲間たちを巻き込んでしまったこともあります。それもあって、もともとはBtoCをやりたかったんですが、BtoBのサービスを立ち上げたんです。そうしないと、運転資金がショートしかねなかったからです。BtoBでないと、半年以内で定常的に稼ぐことは難しかった」

猶予はなかった。しかし、会社も細かなことは言わなかった。自分たちの判断を信じてもらえた。会社は少しずつ軌道に乗っていった。今では、新たに化粧品販売という新規事業に注力している。

スタートアップ子会社の評価は時価総額

「CAJJプログラム」入りを虎視眈々と狙う、もう1つのプログラム「スタートアップＪＪＪ」についても紹介しておきたい。

「ＣＡＪＪに該当しない、小さなスタートアップの事業群です。ＣＡＪＪと同様にランキングをつけていますが、時価総額でつけているというのが、大きな違いの部分です。ＣＡＪＪの事業報告には顔を出さない藤田が、ここでは3カ月に1度、顔を出すんですが、その藤田とサイバーエージェントの投資責任者が時価総額を出しています。サイバーエージェントがその会社を買うなら、いくらで買うか、というのが時価総額算定の基準です」

プログラムに加わっているのは、22社。時価総額30億〜50億円未満の「上場前夜」、時価総額10億〜30億円未満の「シリーズB」、時価総額5億〜10億円未満の「シリーズA」、時価総額1億〜5億円未満の「アーリー」、算定不能から1億円未満の「シード」、さらには「リリース前」に分かれている。

本書では、内定者起業となった村岡率いるＣＡｍｏｔｉｏｎ（マッチングアプリの開発・運営）が「リリース前」、さらに後に登場する「シリーズB」のドットマネー（ポイント交換プラットフォーム）、「シリーズA」のＣＡ Ｔｅｃｈ Ｋｉｄｓ（小学生向けプログラミング教室）など。

「なぜ時価総額にしているのかというと、まだ始まったばかりの事業、赤字の事業だからです。収益ではなく、市場シェアや知名度などを勘案した時価総額でつけたほうが、事業責任者が適切な投資や適切な勝負をできるのではないか、と考えています」

もちろんスタートアップだけに、撤退ルールはより厳しいものになっている。「資金ショート」「1年半連続赤字」「4Q連続時価総額『算定不能〜1億円』」「3Q連続粗利減少」「5年で時価総額10億円未満」だ。いつまでもやらせてはもらえないのである。

「逆に時価総額が50億円を超えると、CAJJに昇格します。よく例えるんですが、野球の1軍と2軍のように、スタートアップJJJという2軍からスタートして、昇格を続けていくとCAJJという1軍に行けるということです」

この「2軍」制度ができたのは、2016年。それまでは「CAJJプログラム」だけで運用されていた。しかし、2003年のスタート時はJ1からJ3だったものが、どんどん枝分かれしてJ10にまでなってしまったのだという。

「それまでは全事業が営業利益で評価されていたんですが、J1とJ10ではあまりに営業利益の規模が違いすぎて、利益規模の小さい事業が埋もれてしまうため、いっそのこと分けてしまおうという議論になったんです」

営業利益だけを求められていたので、スタートアップなのに小さな黒字化を必要以上に気にしてしまう、ということもあった。

「CAJJと分かれてからは、それがなくなって思い切った取り組みが見られるようになりました。また、無条件でＣＡＪＪに入れるわけではありません。ここを卒業しないと1軍には仲間入りできませんから、より大きい規模で成果を出そう、というハングリー精神は刺激されたと思います」

そして事業報告は、やはり時価総額というランク付けの順番になる。これまたシビアだ。競争し合って切磋琢磨し、みんなで成長していく。それは20年以上前からのサイバーエージェントの文化なのだ。

「単純に、順位と聞くと燃えるんですよ（笑）。私もそうですし、みんなそういう気持ちでやっていると思いますね」

「起業人材」をサポートする充実の体制

「ＣＡＪＪプログラム」「スタートアップＪＪＪ」は、サイバーエージェントの新規事業創生に大きな役割を果たしている、と飯塚は言う。もっと言えば、こうしたサイバーエージェントの姿勢が、新規事業を促進し、起業家を育て、さらにはサイバーエージェントという会社を大きくしていると語る。

「まずは、サポート体制の充実です。例えば、バックオフィスのサポート。私がシロクを設立した際、設立日は12月だったのですが、決まったのは11月の初旬だったと記憶しています。私は何もしないで会社ができていた」

会社設立の手続きは、意外に煩雑だ。自分でやるとなると、これだけでも大きなパワーがかかってしまう。それをすべて会社に代行してもらえたのだ。

「あとは、経理や法務といったバックオフィスは、サイバーエージェント本体ですべて面倒を見てもらえました。人材採用もそうです。自分たちでも採用はできますが、サイバーエージェントの一括採用で配属されてくる。ここで頭を使う必要はありませんでしたから、完全に事業に集中することができた」

他社では、子会社でもバックオフィスを自分たちで用意しなければならない会社もたくさんあると聞いたことがあるという。この点は、とても助かったと語る。

「もう1つは、担当役員制度があることです。何か困ったことがあれば、担当役員に相談することができる。基本、かなり任されますから、手取り足取りの経営への口出しはないんですが、こちらからの相談には応じてもらえる。シロクは恥ずかしいくらい事業を変えてきている会社ですが、藤田を含め、いろんな役員の人たちに相談ができたことは大きかった。サイバーエージェントのチームメンバーですから、一般の投資家、株主よりも親身になってアドバイスをもらえたことも大きかったと思います」

藤田にもよく連絡した。チャットは1時間以内に返信が来るイメージがあるという。時間がほしいと言えばもらえるし、社長室の前に行って、隙間時間に話を聞いたりすることもあった。

「そしてもう1つが、余裕を持たずに始めなければいけないことです。これは、あえてやっていると思います。うまくいくかどうかは誰にもわかりませんが、余裕を持たせると、なんとかそれで突破しないといけない、と必要以上に責任感を子会社社長が持ちすぎてしまうと思うんです」

しかし、余裕がない。資金ショートが迫る。そうなると、いろんな人に相談したり、いろんな人の知恵を借りるしかなくなる。だから、必然的に成功確率が上がるのだ。

「厳しいとわかれば、能動的に業種変更もします。やっている張本人が、うまくいきそうかどうかはわかりますから。もっと言えば、仮にうまくいかなかったとしても、またチャレンジすればいいんです。子会社をたくさん作るのは、サイバーエージェントの教育の仕方ですから」

再チャレンジは、本人のためにもなるし、サイバーエージェントのためにもなるのだ。

「事業で失敗するパターンは、本人のやり方の問題というより、市場が大きくなくなったとか、変化してしまったという場合のほうが多いんです。だから、学びを次に活かせばいい。経験がない人よりは、ある人のほうが成功確率は高まります」

だから、起業に失敗しても、ネガティブに捉えられたりはしない。

「サイバーエージェントでは、みんなそう思っているはずですよ」

大きな勝負ができる経営者を作る環境

そして飯塚が、サイバーエージェントでの起業で最も魅力だと感じているのは、もっと大きい成果を出そうという意識が常に頭の中に入ってくることだ。

「正直、私くらいの年齢で、今担当している会社の規模感があれば、それなりに自己満足になってもおかしくない自負はあるんです。でも、社内でランキングをつけられると全然ダメなわけです」

それこそ年間営業利益で100億円、売り上げで1000億円などという事業が、他にあるのだ。

「そういうところと当然、比較されますから、それを超さないと、もっと上を目指さないと、という気持ちになる。健全なプレッシャーの中で、もっと大きな規模で勝負しないといけないと毎月思わされるんですよ。まったく満足できないんです」

この経営者の意識こそが、サイバーエージェントの各事業を大きくしてきたのかもしれない。結果的に、サイバーエージェントは大きくなったのだ。一人で起業していたら、果たして、もっともっと大きくしたい、規模に挑戦したいという気持ちを維持できたか。

そして、だからこそ経営者として育てられていくのではないかと飯塚は感じている。

「投資するお金と期待する収益には相関関係があると思うんです。1億円の投資で、いきなり100億円のビジネスが生まれるかというと、そうはいかない。逆に言えば、投資を経営に適切に活かせられるかどうかが、経営者として重要な資質になると思うんです」

飯塚は現時点であれば、今まで経験した経営として、数億円規模であれば、適切に使えると考える。しかし今、自分に数百億円を預けられても、適切なビジネスは生み出せないと語る。

「でも、藤田にはできるわけです。AbemaTVもそうです。それは経験とともに、スケールをどんどん大きくできたからだと思うんです。世の中の小さな会社は、利益はかさ増しできても、お金の使い方はそんなに変わらないのではないかと思います。大きな勝負ができないから、トップラインが見えてきてしまう。そういう経営者が、実は多いんじゃないかと思うんです」

大きな規模を狙っていくなら、勝負できる金額は売り上げ、営業利益とともに大きくしていかないといけない。そうでなければ、経営者としての成長はない。

「身の丈以上に勝負ができると思ったら、思い切ったことをするという選択をしないといけない。サイバーエージェントには、それができる環境があるんです。投資委員会からお金を調達したり、会社から借り入れをしたりという勝負をしていける」

世の中のスタートアップでは、調達金額がどんどん大きくなっているが、うまく資本を使うことは、それほど簡単なことではない。実際、調達したからといって、うまくいくわけではない。

「その点、サイバーエージェントが何より大きいのは、藤田の存在です。そもそも藤田は、どんどんやらせる人なんです。だから、子会社とか新規事業も、始めることについてそんなに重く考えていない。自身が24歳から起業を経験していて、みんなにそれを経験してもらったほうがサイバーエージェントは伸びると本気で考えている。そして、それを実践してきたんです」

その経験とは何か。経営者は、それによっていかに育ち、いかに強くなるのか。次章で起業家たちが何を学んでいったか、具体的に見ていきたい。

第５章　まとめ

- ●事業マネジメントシステムが作られている
- ●営業利益でランキングする「ＣＡＪＪプログラム」
- ●時価総額でランキングする「スタートアップＪＪＪ」
- ●撤退基準に触れると、撤退もしくは責任者交代を検討
- ●月一度の報告はランキング順に行われる
- ●時価総額評価だから思い切ったチャレンジができる
- ●子会社には担当役員がついてくれる
- ●事業内容を変えてしまっても構わない
- ●バックオフィスのサポート体制が充実
- ●余裕のない中で始めさせられる
- ●小さな成功では満足できない仕組みがある
- ●身の丈以上の勝負ができる

第6章

修羅場と失敗経験を大事にせよ

——「決断経営」をいかに作るか

厳しい時代の経営を任せられる人材とは

多くの経営者に取材をしていて、これから必要になってくる人材像についてのコメントが少しずつ変化していったのは、10年ほど前からだったと思う。

与えられた仕事をうまくこなすだけではなく、自ら仕事を見つけられる。周囲の変化に気づき、新しいものを生み出せる。難しい判断を冷静に行うことができる。現場のことも理解しながら、高い視点を持っている。挑戦を厭わない……。

ある大企業の経営者は、ずばりこう言っていた。

「将来、厳しい時代の経営を任せられるようになる人材」

では、これからの時代の経営を任せられるようになる人材とは、どのような人材なのか。

折しも2019年、日本企業の経営者のトップオブトップともいえる経営者の書籍をお手伝いする機会を私は得た。

経団連会長、中西宏明日立製作所会長と経営共創基盤の代表、冨山和彦社長との対談共著である。書籍のタイトルは『社長の条件』（文藝春秋）。

出てきたメッセージは、まさに強烈なものだった。見出しになっているものを中心に、いくつか紹介する。

「守りの経営が通用するのは、せいぜい2、3年」
「構造改革をやり終えても、今度は次の成長路線を作っていかないといけない」
「20年、同じ仕事をしてきた人に経営ができるか」
「勇気を養う場がない」
「トレーニングの場が必要で、それは若いうちにやっておかないといけない」
「修羅場のときこそ、リーダーの本当の力が問われる」
「自分で決断できるリーダーでないといけない」
「経営を見ることができるような訓練をしないとダメ」

変化の激しい時代には、企業トップの経営判断そのもので、会社の方向性は大きく左右される。しかも、何かを取捨選択するということではなく、どうやってサバイブするかを考えないといけない。

既存のビジネスからしっかり稼ぐためには、いわゆるオペレーションを磨き上げた人材が大事になる。しかし、激しく変化する時代に、オペレーションで経験を積んでいただけで、サバイブのための経営判断ができるようになるのかどうか。

もはや過去の人材育成では限界に達している。オペレーションのプロフェッショナルに、その企業体の将来を考えることができるのか。人材の優劣ではなく、経営の全体感を持てるようなトレーニングの場が必要になっている……。そんな話が徹底して語られた。

実は冨山社長は、彼の最初の書籍『会社は頭から腐る』（ダイヤモンド社）をお手伝いさせていただき、その後も6年にわたって月刊誌の連載で取材する機会を得ていたのだが、産業再生機構での経験をはじめ多くの企業再建に携わる中で、この危機感を早い時期から持たれていた。

そして、冨山社長が自身の経験も踏まえて強く指摘していたのが、修羅場経験、失敗経験を積むことの大切さだった。オペレーション的な仕事では、まず起こりえないような出来事が起きたとき、どう対応していくか。そこで、自らを、あるいは周囲を変えていくために、どんな決断ができるか。これこそが経営なのだ、と。

追い詰められ、悩み、苦しむ経験からこそ、見えてこないものがある。それこそが、経営者として、リーダーとしての大きな財産になっていくということである。

実際、冨山社長はリーダー育成のためには、ポテンシャルのある人材こそ、社内の出世街道と言われるような部門ではなく、苦戦している子会社の経営に携わったり、海外の最も厳しいブランチで経験をさせるなどして、育成しなければいけないと訴えてきた。

修羅場経験、失敗経験を存分に積ませるためである。そしてそれが、将来の経営人材の育成に大きな意味を持ってくるからだ。

サイバーエージェントは、まさにこれをやっていた。子会社の社長を経験するとはどういうことか。それがいかに貴重な経験であるか。子会社社長たちこそが、誰よりもよくわかっている。

プラットフォームビジネスに可能性を見出した法律漬けの学生

いずれ社長をやってみたい、早く経営に携わりたい……。そんな社員が少なくないサイバーエージェントだが、必ずしもそうでなかった子会社社長も実はいる。株式会社ドットマネー社長の鈴木英《すぐる》（29）がその一人だ。

事業はポイントの交換プラットフォーム。日本のマーケットにある多種多様なポイントをドットマネーに集約し、まとめて現金やギフト券などに交換できるサービスだ。Ａｍｅｂａを基盤に展開しており、Ａｍｅｂａ会員であれば誰でもすぐにポイントを使うことができる。

これまでのポイント交換ビジネスは、ユーザーから手数料を取るモデルが一般的だったが、ドットマネーは交換手数料無料。現在1800万人以上の会員数を誇り、業界最大級のサービスとなっている。

先に紹介したサイバーエージェントの事業マネジメントシステムでは「スタートアップJJJ」に属し、「上場前夜」に次ぐ「シリーズB」、時価総額10億~30億円にランクづけされている。

2013年入社。3年目に事業責任者となり、4年目に社長、インタビュー時は社長在任3年目だった。慶應義塾大学法学部で法律を学び、3年生までは大学とダブルスクールに通いながら司法書士の勉強をするという勉強漬けの毎日で、将来は法律に関わる道を考えていたという。それがなぜ、サイバーエージェント入社になったのか。

「当時はちょうどスマートフォンが世の中に登場した時期でした。App StoreやGoogle Playストアなど、スマートフォンを起点としたプラットフォームが現れて、これに衝撃を受けました。いいコンテンツが集まり、そこに人が集まり、ますますいいコンテンツが集まって成長する。プラットフォームビジネスは、とんでもない可能性を秘めていると思ったんです」

折しもサイバーエージェントがスマートフォンシフトを掲げ、舵を切っていた時代。まさにAmebaでスマートフォンプラットフォームを立ち上げようとしていたタイミングだった。入社が決まり、Ａｍｅｂａ事業本部でプランナーになった。

「どうすれば、Ａｍｅｂａというプラットフォームにとどまってもらえるか、Ａｍｅｂａのコンテンツに興味を持ってもらえるか、プランニングする仕事でした。社運を賭けてやっているようなビジネスに新卒として入って、任される領域も大きくて、スピード感が自分の思っていた10倍以上も速くて、本当にびっくりしました」

法律漬けの普通の学生だった。ＩＴやスマートフォンの知識はない。ゼロから上長に教わり、ガムシャラに働いた。

「かなりハードに働きました。今ではちょっと言えないくらい、ですね（笑）。でも、プラットフォームづくりという自分がやりたいと思っていた、ど真ん中の仕事ができたんです。しかも、自分が手がけたものが世の中に出ていくという体験を、このときに初めてしまして。出したものが突然、数百万人の目に触れるという世界は、とんでもない醍醐味でした」

Ａｍｅｂａが急成長していた時代。数字も面白いように伸びていった。それを見ているだけでも面白かった。そこに自分が関わっているという体感も大きかった。

「今も覚えているのは、『ガールフレンド（仮）』というゲームです。Ａｍｅｂａの内製ゲームだったんですが、コンテンツが当たり、テレビＣＭを打ったらまた人がどっと集まってきて。これこそがプラットフォームだ、という経験をしました」

サービスやコンテンツを作る仕事に携わっていたわけではない。プラットフォームをより成長させるためのプランニングをする。それが仕事だった。この構造が面白いと思った。

「いつかやってみたいと思ったのは、プラットフォームを自分で手がけること。フェイスブックだったり、ツイッターだったりを見ていて、世の中に大きなインパクトのあるプラットフォームを世に送り出せたら、と。Ａｍｅｂａがそうなればいいなとも思っていましたし、何かプラットフォームで一山当てたいと思っていました」

転機は、入社2年目の秋にやってきた。

入社3年目で、いきなり事業責任者

入社1年目の秋から、関わっていたサービスがあった。それが、Ａｍｅｂａのプラットフォームで使えるＡｍｅｂａコインだった。どうすればＡｍｅｂａ内で利用するために、コインをチャージしてもらえるか。この領域を担っていたのは、7つ上でマーケティング部門長を務める高橋佑介と鈴木の2人だけだった。

1年後、Ａｍｅｂａにポイント経済圏を作ろうという話が湧き上がる。構想したのは、常務取締役の小池政秀だった。

「ポイント事業をやろう、と。Ａｍｅｂａの中にポイントを作って、ユーザーがいろんなサービスを回遊する1つのツールにしようというものでした」

ここでスタートしたのが、ポイントプラットフォーム事業室。高橋と2人で、この事業を立ち上げることになった。

「ポイントを使ってＡｍｅｂａ経済圏を作ろう、という構想だったんですが、とても面白いと思いました。ぜひやらせてください、と言いました」

このときすでに、ドットマネーという名称をつけている。

「チームで議論しながら考えた名称なのですが、簡単に言うと、新しいお金を作ろうという思いだったんです。ポイントというと、小遣い稼ぎとかというイメージが強いですが、実は1つの資産。通貨という意味を込めてマネーの言葉を入れました」

鈴木は、ポイントのプラットフォームを新たに作る仕事だと捉えた。まさに、やってみたかったこと。2人で始まった事業だったが、1年ほどで人数は10人を超える規模になった。ところが、思わぬことが起こる。

「一緒にゼロから立ち上げた高橋がＡｍｅｂａの責任者になることが、あした会議で決議されたんです。それで、後はお前に任せると言われて」

入社3年目で、いきなり事業責任者になった。思ってもみなかったことだった。

「びっくりしたと同時に、不安になりました。うれしいという思いは、1ミリもなかったです」

何より、この事業を自分だけで成立させられるのか、と心配になった。実際、1年やってきて、ドットマネーはまったくの鳴かず飛ばずで、事業は伸びていなかったのだ。

「このタイミングで責任者でしたから、不安のほうが大きかった。それでも高橋に、『お前だったらやれる』と言ってもらえたので、1つのチャンスと捉えるしかない、と思いました。歯を食いしばってやるしかない、と」

だが、現実は甘くなかった。やがて「半年待つが、そこで結果が出ていなければ、事業を畳むかもしれない」という話が出た。そして半年後、鳴かず飛ばずは変わらなかった。

「このとき初めて、『もう半年だけください』と僕から懇願したんです。これでやりきってダメだったら、もうあきらめます、と」

本気になった。それまでの2倍の気持ちで奮闘した。そうすると、一気に事業が伸びた。

「どうすれば伸びるか、おぼろげにはわかっていたんです。でも、大きな会員基盤があるAmebaが母体だから、という過信がどこかにあったんですね。手間をかけなくても、うまくいくという驕りがあった。普通にやるべきことができていなかった。だから、やるべきことをきちんと検討して、しかるべき人たちも巻き込んで、実行に執着したんです」

追い込まれたからこそ、できたことだったと鈴木は言う。

「あと半年でサービスが潰れると思ったら、向き合うしかない。それまでは、誰かが作ったサービスを、一営業として売っているような感覚でした。でも、ここから視点が変わったんです」

これは自分のサービスであり、これを潰したら、メンバー10人が路頭に迷うんだと改めて気づいた。そう思ったら、何がなんでも成功させないといけないという思いが強くなった。時間の使い方も大きく変わった。

「サイバーエージェントの115社の子会社の意味って、良くも悪くもここにあるんだと思いました。経営者は追い込まれるんです。そうすると、自分が決めないと何も進まないという世界観が醸成される。実際、追い込まれるとやらないといけないという当事者意識が次元の違うレベルで生まれてくるんです。その気づきがありました」

設立3カ月で、幹部が3人会社を去った

絶体絶命のピンチを乗り切った。高橋からもお褒めの言葉をもらった。そして、高橋が

「あした会議」で子会社化の提案をしてくれた。一部署から、会社として設立されることが決まる。

「もうお前の事業だから、お前がやれ、と。うれしかったです。もちろんプラットフォーム事業をやりたかったからという思いもありましたが、それ以上に、当時の上長の期待に応えたいという気持ちのほうが、働くモチベーションとしては大きかったです」

株式会社ドットマネーが設立され、社長に就任。社員は12名だった。絶対に成功させなければいけない、と思った。しかし、またもや現実は甘くなかった。初年度、5000万円の赤字を出してしまう。だが、衝撃は設立から3カ月で早くもやってきていた。

「最近、若い社員には、最初から責任者や社長をやったほうがいい、と言うんですが、それは組織を作る難しさを知ることができるからです。僕は会社化されて3カ月で、僕以外の3人の幹部が抜けてしまったんです」

幹部が3人、異動や退職を希望して去ってしまったのだ。鈴木はショックの中で、大きな気づきを得る。

「僕は営業組織出身なので、プロダクトづくりには長けているわけではなかった。でも、僕はリーダーですから、誰よりも仕事ができなければいけないと思っていました。組織の意思決定はすべて自分がやらなければいけない、と」

できないことに対しても、わかったふりをした。それが、相手に伝わらないはずがない。不信感はどんどん高まっていった。

「直接言われたわけではないですが、お前にはついていけない、と言われた気がしました。事業が伸び続けているときはいいんです。会社化したタイミングは、ちょうど少し停滞し始めたタイミングでした。そんな中で、できるふりをしていた自分にはついていけない、と」

赤字が会社に何をもたらすか、ということも知った。

「いち部署としてやっていた頃は、大きな事業部で見たら他の部署で稼いでいるので、このサービスが赤字でも問題ありませんでした。目標指標はポイント発行額のみ。赤字を出してもいいから流通量を拡大させることが優先されていた。だから、その感覚でキャンペーンに大きなお金をかけていたりしたんです。たしかに発行額は増えるんですが、利益は生まれていない。これを続けたら運転資金は尽き、会社は潰れます。一部署でやっているときとは、お金の考え方がまったく変わりました」

利益を出さないといけない。どうやってマネタイズするか。そこにこそ真剣に向き合わなければいけなくなった。お金を儲けることが、いかに大変かを知った。50万円稼ぐことの大変さが身に染みた。

「スタートアップＪＪＪ」でも洗礼を受けた。「時価総額算定不能」からのスタート。事業報告の場では、ランクは一番下。3カ月に一度、サイバーエージェント社長の藤田が報告会にやってくる。各社順番に回ってくる3分の事業報告には、いくつかの質問が飛んだりする。

ようやく最後、ドットマネーの順番になり、鈴木が報告するが、質問すらなかった。

「はい、わかりました、みたいな感じで（笑）。まったく興味を持ってもらえなかった。ランクが下のほうでは、コミュニケーションは起こらないんですよ。ただ、伸びている事業や時価総額の大きな事業に時間を割くのは、当たり前のことだろうと思いました」

他の子会社と競争できている、という印象はなかった。それよりも、早く認められたいと思った。

「あと貴重だったのは、子会社の社長仲間ですね。同じタイミングで設立された子会社の社長とは3人でよく飲みに行って、営業利益はいくら出る？　もっとやらなきゃ、なんて話をよくしていました」

お互い切磋琢磨し、スタートアップでみんなでサイバーエージェントの未来を作っていこう。そんな空気があった。

周囲に頼り出すと組織が変わった

幹部3人がいなくなってしまった状況から、鈴木はあるべきリーダー像を変えた。ここから、自分ができないことをはっきり言うようになった。

「そうしたら、雰囲気が変わっていったんです。これは苦手だ、でも僕が思ったことははっきり言わせてくれ、と一見矛盾しているようなんですけど、そう伝えると、また変わった。ここは苦手だと社長が素直に言ってくれるんだ、と社員の自走力が出てきたんです」

仕事を任せるようになった。すると、アウトプットの質が劇的に上がっていった。社長ができないなら自分がやるしかない、と社員が考えるようになったのだ。

鈴木はプロダクトには、できるだけ口出しをしないようにした。改善のスピードはさらに上がり、営業でも自分たちでやらないといけない、という空気が高まった。それが相乗効果になって、事業が伸びていった。

「もうひとつありがたかったのは、相談ができる人がいたことです。サイバーエージェント取締役の山田のところに行って、教えを請いました。組織人として、会社で最も尊敬できる人だと思っていましたから。それで素直に相談に行ったら、できないことをまずは伝えたほうがいいと言われて。ただ、とはいえ、旗振りはお前の役割だから、と。この二言は強烈でした」

半年に一度は、山田を訪ねた。チャットで、こんなことで悩んでいる、と連絡を取るとすぐに会ってもらえた。

「サイバーエージェントの強みは、同じ悩みを抱えたであろう先輩方がすぐ近くにいるということです。これは大きかった。子会社社長にも話を聞きに行きました。みんな、いろいろ教えてくれる。それを組織にどんどん還元していきました」

連絡すると、飲みに行こう、食事に行こう、と誘ってもらうことも増えた。いろんな人に会いに行くことを考えた。

「それまでに自分は、自分がこうあらねばならない、仕事ができないといけない、と思い込んでいたんですが、先輩からすると、それでは可愛くないわけです（笑）。可愛がられ力という意味でも、追い詰められて変わりました。助けてください、相談させてください、という言葉が素直に出せるようになりました」

それでも、最後は自分で決める。それは意識している。だが、成果に対して最短の道を行くという意味では、周囲に頼ることも大事だと知った。自分だけで考えたもののアウトプットでは、結局、大したものは生み出せないのだ。

「20代そこそこの人間が言っていることなんて、20年会社やっている人から見れば大したことはないわけです。だから、インプットの量をとにかく増やして、いろいろやってみるしかない。ヘンなプライドはすっかりなくなりましたね」

3人の幹部の離脱は、苦しくも貴重な経験となった。社長になって2年目、会社は起死回生の営業利益1億円を達成する。

「僕が全部やらなくなった、というのが、一番大きかったと思います。それと、意識したのは、人を育成することでした。特に営業メンバー。自分のところに入ってきてくれた社員が僕以上に輝いてくれたら、それがベストだと考えるようになりました。自分ですべて数字を作らないといけないと思っていたんですが、意識が変わるとレバーが一気に増えて、この人に任せておけば3倍にも4倍にもなる、という社員がどんどん出てきてくれた。これが、事業が伸びた要因だったと思います」

もしサイバーエージェントのグループ会社でなかったら、と考えることがある。自分は路頭に迷っていただろう、と。

「そして、助けてほしいと言ったとき、ここまで親身になって助けてくれる人たちはいない、とも思いました。たしかに資金は、外部の投資家から調達できるかもしれない。でも、出資者が果たしてここまで親身になって、自分ごと化して、事業を一緒に伸ばしてくれようとするかどうか。ソリューションとしてではなく、アセットとして、相談相手がたくさんいることのありがたさを感じました」

そして若くして経営者経験ができたことの価値を改めて思うという。

「自分が決めないと明日がない、という世界観って、普通に社員をやっていたら、絶対にありえないと思うんです。これを早いうちに経験するのは、何よりの経験になると思います。責任者志向は元々なかったんですが、自分がなってみて初めて、なぜもっと早く目指さなかったんだろうと思いました」

苦しさ、大変さ、辛さはある。しかし、それ以上に手に入ったものは大きかった。

これまでの自分を壊すために入社した会社

エイベックスとの合弁事業で、月額定額制の音楽配信サービスを展開しているのが、A《ア》W《ワ》A株式会社。月々980円で、世界中の6000万曲を聴き放題、というサービスを展開している。

もともとエイベックスの松浦勝人会長とサイバーエージェントの藤田が発起人になって、2014年に設立された。ここから取締役として参画し、2018年に社長に就任したのが、小野哲太郎(35)だ。

2007年入社。岐阜県生まれで名古屋大学教育学部を卒業している。就職活動のとき、改めて自分を見つめ直して気づいたのは、自分がいかに社会的な尺度で物事を選んできたか、だった。就職先も、真っ先に浮かんだのは有名大企業。知らず知らずのうちに「看板」を求めていたのだ。

「でも、それで本当に大丈夫なのか、と思い始めて。具体的なキャリアを描けていたわけではありませんが、大きな会社に入って本当に自分が一人で生きていけるような力はつくのか、と。その不安がどんどん強くなっていったんです」

これからの世の中は、会社の看板やブランドで生きていくのではなく、どんなところに一人で放り出されても食べていける強さが求められるのではないか、と思った。その力がまったく足りていないことに気が付いた。

「そんなときに、名古屋で会社説明会を開いたサイバーエージェントと出会いました。当時はまだ、今ほど知名度はなくて、ネット業界に対する怪しさもまだ残っていた。大丈夫かな、と思いつつ、自分の中では、この選択はそれまでの価値観をぶち壊すのにいいな、と思いました」

入社後の目標も特になかった。ただ、なんとなくこれまでの自分を壊すために入社したのだから、社内で確立された職種ではなく、未知なことにチャレンジしたいと社長の藤田のアシスタントに立候補した。同期135人から、4人が社長アシスタントに配属になった。藤田との直接の接点がこのときできた。

「1年ほどですね。働くことのなんたるかもよくわからない中で、藤田に一生懸命、新規事業を考えて提案したりもしていました。アドバイスももらったんですが、その意味がわかるようになったのは、ずっと後のことでした」

その後、Amebaで、広告商品開発やサービスアプリ開発のプロデューサーを務める。

「特にああなりたい、とか、こうなりたい、というキャリア戦略があったわけではないです。とにかく目の前のことを一生懸命やっていく中で、なんとなく自分の強みとか個性みたいなものを推察していって、それを研ぎ澄まそうと考えていました」

5年後、1つの方向性が見えた。それが、経営に携わりたいという思いだった。

「楽しさを感じるところが、そういうところじゃないかな、と思ったんです。サービスプロデューサーの仕事をしていて、エンジニアとかデザイナーとか、一緒に働く人がどんどん増えていく過程でチームを作ったり、組織文化を作ったりすることが、とても楽しかった。アウトプットの手前の仕組みづくりのようなものに関心が向いていったんです」

それはまさしく経営ではないか。自分がチャレンジできるものならやってみたいと思った。だが、経営をやるにはわからないことがたくさんあった。真っ先に浮かんだのが、お金のこと。そこで、サイバーエージェントのベンチャーキャピタル事業会社である、サイバーエージェント・ベンチャーズ（現株式会社サイバーエージェント・キャピタル）への異動を申し出た。

「サービスのユーザーインターフェースとか、ユーザーエクスペリエンスとか、機能とか、ユーザー向けサービスは好きだったんですが、お金のことなど本当にわかっていなかったですから」

新規事業プランコンテストにも出していた。実は親が音楽家で本人もピアノをやっていたこともあり、当時、定額制音楽配信サービスの事業案も出していた。だが、受け入れられなかった。音楽業界はあまりにも複雑だから、ネット企業のサイバーエージェントが単体で乗り込んでいってても成功確度が低い、というのが結論だった。

まさか、その事業を後にエイベックスとの合弁で自分が関わることになるとは、夢にも思っていなかった。

「見栄を張るヤツに大役を任せない」の衝撃

入社5年目の2012年、サイバーエージェント・ベンチャーズに移ったが、1年も経たないうちに、びっくりすることが起きた。サイバーエージェント社長の藤田から直接、電話がかかってきたのだ。

「サイバーエージェント・ベンチャーズという子会社からだけではなく、サイバーエージェント本体からも投資をやっていきたい、ということだったんです。投資を多少わかっていて、かつ元アシスタントですから適任だろう、ということで私が浮かんだんだと思います」

まさに運と縁とタイミングが合致して、小野は社長室に呼び戻されることになり、当時の上司と2人で通称「藤田ファンド」を立ち上げた。その過程で、上場企業投資や上場企業とのジョイントベンチャーが議論されたが、藤田からあるとき、こんな話を聞いた。

『エイベックスの松浦さんと釣りに行って、音楽配信を一緒にやらないか、という話になったんだけど、ちょっと調べてくれない？』

かつて、音楽配信サービスを新規事業として提案していたのが、小野だった。だが、藤田がそれを覚えていたとは思えない。数百案もの事業アイディアが出ていただけに、藤田が見ていない可能性もあった。それにしても、偶然に驚いた。

「その5年前くらいの提案でしたが、当時のフィードバックは、サイバーエージェント単体で乗り込んでいっても、どうこうなる市場ではない、ということだったんです。今回は、エイベックスと組んでできるわけです。これは面白いことになったぞ、と思っていろんなことを調べて藤田に報告していきました」

そして2014年、設立準備が始まる。小野も設立準備メンバーの一人となった。Amebaの組織改革に合わせ、優秀なエンジニアを音楽配信事業に異動してきてもらうことになった。4カ月間、モックアップづくりに挑み、12月に会社が設立された。設立時の出資比率は、両社が50％ずつ。

「メンバーはサイバーエージェント側が6人で、エイベックス側が5人でした。僕の仕事は、基本的には藤田が決めたものを具現化していくためのオペレーションでした」

AWAはこの年の6月に準備を始め、12月に設立することになるのだが、このとき小野は忘れられない経験をしている。

「準備が始まって2カ月ほどして、僕は思いきって藤田にこう言ったんです。あまりにも面白いし、関心がとても強いので、僕に社長をやらせてください、と。藤田は『ちょっと考えるわ』というリアクションでした」

それから1カ月ほどして、藤田がアメーバブログを書いた。そこには、こんな内容が書かれていた。〝見栄を張るヤツに大役を任せない〟。

「僕も読んでいたんです。こういうヤツいるよな、と思って。見栄張っているだけで仕事できないヤツ。いるいる、と」

翌日、藤田の部屋に呼ばれた。藤田はこう言った。

『昨日のブログ読んだ？　あれ、お前のことだから』

衝撃だった。

「当たり前だったと思います。僕は何の能力もないし、何の成功体験もないのに、『これをやらせてください』みたいなことを、何の恐れもなく言ってしまったわけです。しかも、音楽配信という既存産業での難しい事業で、パートナーは松浦さんという経営の大先輩。そこを無邪気に『面白そうなんでやらせてください』なんてのは、ありえないでしょ、と」

予想を超えた一喝だった。突然の呼び出しだったので、小野はボールペン1本しか持っていなかった。藤田から30分、叱られた。窓の外は土砂降り。小野は社長室を出ると、ボールペン1本を握りしめて、土砂降りの雨の渋谷を1時間ほどさまよった。

「頭の中は、真っ白でした」

本気度を試された言葉「社長のつもりでやって」

翌日から、小野は頭を切り換えた。身の程を知り、能力のなさも自分できちんと理解して、AWA設立の準備を進めていった。それから3カ月経った9月。12月には登記をすることになっていたので、藤田に伝えた。

「そろそろ登記をしますので、役員を決めてください、と。社長を藤田が、会長を松浦さんが務めることになっていました。これを機に、僕はもう外れるつもりでいたんです。船が出航するとき、港から船を見送る側のイメージで、僕はいました」

ところが、藤田から思わぬ言葉が出てきた。

『お前、取締役やって。ただし、社長のつもりでやって』

また頭が真っ白になった。でも、うれしかった。

「このときの経験は、今も僕の中では宝なんです。藤田にはまた怒られるかもしれませんけど、野心とかもっと自分にでかいことができるんじゃないかと自分に希望を持つことは、僕はダメではないと思っているので。身の程をわきまえずに言ってやれ、というのは未だに変わっていませんので、またそのときに叱られるかもしれません。でも、叱られたタイミングでおとなしくなって、自己肯定感を持たずに、自分なんてこんなものだから、このくらいでいいや、となってしまったら、僕が最初に掲げた、看板で仕事をするのではなく、自分の能力で生きていける人になるという根本的な未来の理想像から離れてしまう。自分でそこにストップをかけてしまうことになる。だから、あの経験は僕にとって何かを乗り越えたものでもあったんです」

藤田が何を考えていたのかはわからない。だが、小野は試されたのではないか、とも思う。どこまで本気でやろうとしているか。厳しい指摘をどう受け止めるか。だが、小野はひるまなかった。熱意を決して失わなかった。藤田はそれをよくわかっていたのだ。

「僕はこの事業を成功させたいと純粋に思って準備を続けていました。その間の姿勢を、見ていたのかもしれないです」

もとより藤田には、やらなければいけないことがたくさんある。AWAにすべての力を注げない。「社長のつもりでやって」というのは、小野を大いに発奮させる言葉だったに違いない。

「中途半端なサブリーダーみたいな気持ちでやっていたら、うまくいかないぞ、ということだったのだと思います」

エイベックスは社風も近い。加えてトップ同士の圧倒的な信頼関係があった。エイベックス側のカウンターパート（対等関係の共同事業者）との折衝も思い切りできた。

「ぶつかったしケンカもしましたが、信頼関係が揺らぐことはありませんでした。大変さ、ですか？　それはもう（笑）。当時の労働時間は、今からだと考えられないかも。でも、やりたくてやっていたことでしたから」

自分で決められることは自分で決め、藤田に確認しなければならないことは、社長室の前で待ち構えて確認を取った。設立から5カ月、いよいよサービスがリリースする。

「立ち上げ前、さらにリリースをしてから、定額制音楽配信サービスそのものへの市場の注目が集まりました。難しさもあるとわかりました。巨額の費用をかけて、広告をどんどん打っていくには無理のあるビジネスだということです。利益率は決して高くないからです。そこでいくと、実力値で有料会員がどんどん伸びていく、広告という下駄に頼らずに伸びていくという構造を作ることが、僕はこの事業のセンターピンだと思いました」

焼き畑農業のように、100万人入って90万人が辞めていくようなビジネスではなく、そこまでの会員は獲得できなくても、誰も辞めない。そういう事業を作っていかなければいけないと考えてきた。

「だから、いろんな競合がたくさん出てきた時期よりも、その後のひと段落してからのほうが、成長実感がすごくあるんです」

それでも社長をやらせてほしい

2018年、エイベックスで松浦社長が会長になることが決まった。そのタイミングで、AWAからも身を引くことになった。藤田もAbemaTVを立ち上げており、同じタイミングで抜けることになった。後任の社長には、エイベックスのカウンターパートが就く、ということが3人の話し合いで決まった。

「その翌日、カウンターパートにちょっといい？　と呼ばれたんです。2人が抜けることになって、社長をやってと言われているからやるね、と」

だが、小野はそれを受け入れなかった。

「いや、僕にやらせてください、とその場で言ったんです。カウンターパートは、百戦錬磨のビジネスマンです。もうめちゃくちゃ失礼な話だし、めちゃくちゃ生意気だったと思います。能力なんて、百億倍、僕よりあると思った。でも、彼はエイベックスの別の子会社の社長も務めていて、すべての時間をAWAに割くことができないと思ったんです」

小野は、すべての時間をAWAに割けた。全社員の名前も趣味も、どこに住んでいるのかも知っていた。

「とにかくこの会社、この事業は自分が一番わかっているはずだという自信があったんです。だから、僕にやらせてほしいです、と言って。そうしたら、『そうだよね。そう言うと思ったよ』と言ってくださって。『小野がやりたいと言っているし、自分もそれでいいと思っている』と松浦さんや藤田に言ってくださったんです」

しばらくして、藤田に会う機会があった。

「何かまたすごいわがまま言ったらしいね、と言われました。すいません、と返しましたが、藤田はそれ以上、何も言いませんでした」

ただし、もうこれで後ろ盾はなくなった。社長として、すべてを受け止めなければいけなくなったのだ。だが、だからこその成長が自分の中にあったと小野は言う。

「怖かったです。恐怖がものすごく強くなった。藤田や松浦さんが近くにいてくれているときは、自分がこうあるべきだと言ったことでも、最後は2人が決めているわけです。おかしなことになっても、自分だけのせいではない、という逃げの気持ちがあった」

しかし、2人が抜けたら、すべては自分の責任になるのだ。

「だから、一挙手一投足が怖くなりました。それなのに競合はバンバン広告を出稿して、バンバン伸びていくわけです。巨額の費用をかけてブランディングをしていくわけです」

だが、厳しい状況の中でどうするか、という事態が何より成長の礎になったという。

「学生時代まで、ずっと追い込まない環境、最も安心できる環境を選んでいました。でも、社会人になったタイミングから、不安定なものを選ぶようになったわけです。能力が絶対に及んでいないし、普通に考えたらできるわけがないものに手を出す。なんと批判されようと、お前には無理と言われようと手を出す。でも、あとはそれを実現するために不断の努力をすればいいんです。叶う能力をなんとかして身につければいいんです。実際には、足りてないところしかなくて、何も満たされてないですけど（笑）」

1つ、大きな学びを教えてくれた。

「取締役時代までは、言葉で組織をまとめていた感覚があるんです。悩んでいる社員の話を聞いたり、苦しいときに士気が高まるような声をかけたり。でも、それは結局、問題の事後対応、局所対応なんですよ。よくないものをゼロに戻すための言葉のマネジメントに過ぎないんです。一方で、藤田たちがやっているのは、そもそも士気が落ちないような状態づくりなんです。事後対応ではなくて、事前のマネジメントなんですよ。経営者は、それをやらないといけないんです。本当の信頼関係と成果を生み出す戦略づくりの両方が大事なんです」

サイバーエージェントという会社について、改めて思うことがある。

「自分の能力の中でできないことをやれる環境がある、ということです。自分の能力の中でできることだけをやっていたら苦しむこともない。もっと成長しなきゃとか、もっと強くならなきゃとか思わない。自分の能力でできないことを常に任せてもらえる環境があると常に成長したくなって、結果的に強くなっていく人が増えるんです」

だが、能力にそぐわないことを任せると失敗確率も高まる。だから、サイバーエージェントは短期で考えないのだ。短期で考えたら人への投資はできない。長い目で見るのだ。

現在、従業員は50人。世界的競合がひしめく中で、小野はまず日本ナンバーワンを狙う。

2つの事業を潰してしまった男

次々に生まれる子会社。だが、先に書いたように、すべてが生き残れるわけではない。中には、途中で退出を余儀なくされる会社もある。しかし、そこで終わりではないのが、サイバーエージェントだ。「敗者復活」がまったく可能なのである。実際、3回目でようやく成功した子会社社長もいる。

株式会社マッチングエージェント。マッチングサービス「タップル誕生」を運営し、会員数500万人、累計マッチング数1億組を誇る。CAJJ制度では、カテゴリ2番目のJ2に位置づけられている企業だ。率いているのは、社長の合田《ごうだ》武広《たけひろ》(31)。過去に、手痛い失敗をしてきた経験を持つ。

2012年度の新卒として内定。きっかけは、東京工業大学大学院在学中にエンジニアのインターンシップに参加したこと。もともと技術も好きだったが、ビジネスにも興味があった。両方に軸足を置いていたサイバーエージェントに興味を持った。

「今でも変わりませんが、日本って、理系なら技術職の選考、文系ならビジネス職の選考、みたいな採用の仕方が多いんですよ。本来、どちらかだけでは実際のサービスは作れないのに、です」

インターンシップでは、2週間かけて企画から開発までを経験させてもらった。ここで、ものづくりの面白さ、わずかな期間でリリースできるウェブサービスの魅力を知った。ものづくりが楽しくなり、そのまま内定者バイトをした。

ちょうどスマートフォンが普及し始めていたとき、あるタレントのアプリを企画から実装まで、すべて任せられたこともあった。

「自分で企画して、実装までする。とても面白かった。それを内定者ができてしまう、というところに本当に驚きました」

アルバイトも楽しかったが、もっと世の中にないもの、新しいものを作れないか、と考えるようになった。

「それで、同じくサイバーエージェント内定者のエンジニア何名かと、家に集まって趣味のようにプログラミングしながら、ゲームを作ったりしていたんです」

ゲームはうまくいかなかった。わかったのは、本気になるためにもきっかけが必要だということだった。そこで内定者同士、4人で社外のビジネスコンテストに参加することにした。

「そのコンテストでは、2カ月間、ウィークリーマンションを貸し切りで割り当てられ、企画から実装、そしてプロモーションまで全部やる、というものだったんです」

なんとここで、優勝してしまう。しかも、賞金をもらった。さらに別のビジネスコンテストに出ると、そこでも優勝してしまう。

「社会人も参加する、日本企業を世界に、というコンセプトのコンテストで、決勝戦はシリコンバレーで行われました。出場者のほとんどが法人で、資金調達がしやすくなるから、という目的で参加していました。それで、僕たちも法人を作ることにしたんです」

このとき生まれたのが、SNS上でのつながりを使ったマッチングアプリ「ピタパット」を開発する会社だった。コンテストで優勝したが、まだアイディアだけでプロダクトは作れていなかった。

そんなとき、内定先であるサイバーエージェントから、すでに設立済みの法人をサイバーエージェントの子会社としてやっていかないかと話をもらった。せっかくなら、子会社としてやってみるという方法もあるのでは、という提案を受けた。合田は大学院を中退し、この会社の社長になる。そしてプロダクトを開発、リリースする。だが、手痛い洗礼が待ち構えていた。

「僕はものづくりは大好きで、企画にも自信はあったんですが、お金を稼ぐことは一度もやったことがなかったんです。このときのサービスも、お金を稼ぐことをまったく考えていなかった。サービスを成長させるためには広告費が必要だから、とバーンと打ったんです。ただ、その後もずっと広告を打たないと伸びないということになると、会社の運転資金はどうなるんだ、ということになりますよね」

ビジネスの設計がまったくできていなかった。3カ月ほどで厳しい声を担当役員からももらった。このままでは先の見通しがない。やめたほうがいいんじゃないか、と。

自分のやりたいことは全部捨てた

意気込んで始めた事業は、あっけなく失敗してしまった。これにはへこんだ。

「世界を取るんだ、なんて勢いでやっていましたから。とんでもない天狗になっていました。正直、当時はサイバーエージェントからしたら、この事業をやる必要があるのか、と感じていたとも思うんですよ。そこに、僕がどうしてもやりたい、と言って聞かなかった。だから、じゃあ、やらせてみるか、ということになったんだと思います」

だが、合田はまだあきらめていなかった。もう一度、事業をやることにしたのだ。アイディアはすぐに出てきた。実名制Q&Aサービスを手がける事業「キクシル」だった。

「ブログみたいにして、有識者の知恵がたまっていくサービスでした。今度は広告を必要とせずに成長することができたんですが、ビジネスの規模が小さすぎた。クローズドのサービスなので、ブログみたいに大きくならないんです」

スケール化が相当に難しいと判断された。マネタイズができず、これも半年ほどで撤退となった。

「設立時の資金が1億円。ところが、2つの事業でその1億円がなくなってしまった。また、へこみました。そして何よりへこんだのは、このタイミングで、会社ごと解散することになったことです。運転資金も底をついたので、そうせざるを得ない状況でしたが、これは辛かった。真っ青になりました」

天狗の鼻も折れ、自信を大きく失った。何より2回も失敗したのだ。社員10数名。誰も成功体験を得られなかった。負け癖が怖かった。

「中には、大手メーカーから中途入社してきた社員もいました。責任を感じました。全員がバラバラになってしまった」

だが、3日ほどして、合田のもとに驚くべき提案が会社からやってきた。マッチングサービスのビジネスをやってみないか、というのである。

「2年目のとき、あした会議に出させてもらう機会があって、マッチングサービスのポテンシャルについて語っていたことがあったんです。それを覚えてもらっていたようでした。一度、失敗したけど、まだやりたいようだ、やらせてみようか、ということだったのだと思います」

マッチングサービスは、当時まだ市場がほとんどなかった。だが、合田の話を聞いて、小さなビジネスが社内で立ち上がっていた。それを引き継いでいくのが、役員からの提案だった。

「それまで自分のやりたいことにこだわって、まったくうまくいかなかった。今度は、自分のやりたいことは全部捨てて、会社として成立することだけに集中してみようと考えました」

前の会社「ピタパット」は実はサイバーエージェントらしくない社名をつけていた。それは、あえてそうしていた。だが、妙なエゴはもう捨てた。

「サイバーエージェントなんだから、サイバーエージェントらしい社名でいいじゃないか、と。それで、マッチングとエージェントでマッチングエージェントにしたんです」

事業内容も、あくまで成功確率にこだわった。

「まったくのゼロからイチで新しいことをやるのではなく、市場にあってうまくいっているビジネスモデルをしっかり見る。とにかく新しいことを、ということではなく、成功確率の高いビジネスモデルに新しい要素を加えていけばいい。そんなふうに考えを変えました」

スタート時点では、一人だけエンジニアがメンバーとしてついてきてくれた。今度は働き方も雰囲気も大きく変えていこうと思った。

「遅くまで働いたり、土曜日曜も当たり前のように仕事をする、みたいなことが、起業では当たり前だと思っていました。学生時代の起業の延長、そのままだったんですよね。そういう発想もやめました」

どうしてもやりたいことは貫いた

過去の失敗経験は、大いに活かされることになった。

「サービスの開発って、誰かが『これいいね』『面白いね』となって始まっても、実際にユーザーに使われるかといえば、別問題なんです。ビジネスも同じ。あまり人の意見を聞き過ぎるのは、いい意味でも悪い意味でも危険です。いいと言われたからと安心してはいけないし、ダメと言われても実はいける可能性があったりする。客観的に見ないといけないんです」

コンテストで評価されたことで、天狗になってしまったことの怖さを知った。

「もう1つは、ゼロイチというのは、やっぱり本当に難しいということです。ビジネスモデルにしても、何かの組み合わせが有効だし、ベースの知識がないと売り上げを作ることは相当に難しい。だから、学び、経験することの大切さも改めて実感しました」

もともと新しいビジネスをやりたいという気持ちが強かった。だが、それを世の中が必ずしも求めているわけではないのだ。

「エンジニアでもありますから、とにかく新しいもの、新し過ぎるものが好きなんですよ。それを求め過ぎてしまうと、ユーザーの先に行ってしまう。だから、ちょっと新しい、というギリギリのところを強く意識しました。今だったらＶＲ（仮想現実）でマッチング、なんて面白そうじゃないですか。でも、ＶＲのゴーグルをどのくらいの人が持っているか。昔はそういうことを考えずにやろうとしちゃってたんです」

社長になって7年。会社は大きく成長した。社内で表彰を何度も受けた。何がその要因だったのか。

「やっぱり市場の選定がうまくいったというのが一番です。かなり伸びている市場にあって、しかも数少ない先行者でもあった。その意味では、早く張っていたことがやっぱり大きいんです。僕自身は、その前から海外では当たり前になっていることを知っていて、日本でそれを見ている人がほぼいなかったこともわかっていました」

そしてもう1つが、月額制のビジネスモデルを採用したことだ。過去に失敗した事業では、マネタイズがうまくいかなかった。ここは慎重になった。

「正直に言いますが、これは海外でうまくいっていたビジネスモデルを真似たんです。でも、それが良かったと思っています」

そこに、サイバーエージェントの強みを活かしていった。

「サイバーエージェントって、ものづくりの文化があるんです。そこをうまく取り入れることができた。また、マッチングエージェントのサービスは、月額プラスゲームの要素もあるんです。ゲームでうまくいっているマネタイズのスキームを、うまくマッチングアプリに取り入れました」

経営にあたっては、客観的に市場を見て、自分たちのサービスがどの位置にあるか、冷静に見極めてきた。自社の強み、競合の強み、全体の市場を眺め、バランスを取る。

「例えば、フェイスブックとの連携が流行りまして、それを競合がみんな導入していったんですが、同じことをしても仕方がないと思いました。だから、フェイスブックがなくても楽しんでいる世代、フェイスブックを使わないような若いターゲットを狙っていったんです。こうして、ちょっとずらしたことも、うまくいった要因だと思っています」

ただ、合田がこだわったところも、もちろんある。その1つが、アプリでやりたかった、ということだ。

「もともとあった事業は、ブラウザベースだったんです。だから、ブラウザベースでそのままやる予定だったのですが、担当役員からは『合田が本当に成功すると思うほうを選んでいいよ』と言われました。悩んだ結果、アプリでやることにしました。この決断は大きかったと思っています。ブラウザのままでやっていたら、ここまでは使ってもらえなかったと思います」

組織が大きくなり、気づいたこと

うまくいったからこその、苦しみにも直面した。社員数が増えていき、組織を作っていく難しさに直面したのだ。現在、社員は80名を数える。

「20人くらいまでは、自分ですべて見ることができていたんですが、それ以上になって、とても無理だとわかりました。それで、ナンバーツー、ナンバースリーをいかに育てるか、ということの大事さを痛感したんです」

実際、3年目で40名を超える規模になったとき、組織が分断しそうになった。

「数字を追いかけたいというチームと、やっぱりいいものを作りたいチームがぶつかってしまった。結局、コミュニケーションが取れていなかったんです。それで僕が入って話をすると、両方とも納得してくれて」

気づいたのは、社長の合田に組織がかなり依存していたことだった。

「経営ボードのようなものはなくて、僕とメンバーという組織構造だったんです。それに気づいて見直しをして、ナンバーツー、ナンバースリーも作っていきました」

どういうときに、会社に転機が訪れるのかにも気づいた。実は、成長して伸びている時期ではない。むしろ伸び悩んでいる時期に変革のチャンスは来るのだ。

「市場は伸びていても、競合が強くなってきたりすると、やはり苦しくなるわけですね。伸びているときには、会社の士気は勝手に盛り上がるんですが、伸びが鈍ってきたときに、そこに気づいて手を打てるか、ということです」

問われるのは、リーダーの行動と細やかな舵取りだという。

「間違っているかもしれないけど、ここに振っていくんだという方向性を示すこと。それから、無謀な目標ではなく達成可能な目標を据えていくこと。目標達成したら盛り上げていくこと。そして、一人でやろうとしないことです」

組織が大きくなっていくと、どうしても受け身になるメンバーが出てくる。上が決めないと動かない、上が方向転換をすぐするからついていけない、といった声が上がってきたりするようになる。

「もちろん方向性は決めるんですが、僕がすべての答えを持っているわけじゃないんだから一緒にやっていこう、というコミュニケーションをします。特に幹部にする。上の層の熱が、やっぱりメンバーに伝播していくからです。その意味でも、特にリーダー層の熱量を高めていくことは、とても重要ですよね」

一方で、ものづくりへの意欲も、経営者としてしっかり持つようにしている。

「提供しているのはユーザー向けのサービスですから、どういいものにしていくかというプロデューサーの視点が、経営者にも求められると思っているんです。実際、サイバーエージェントでも、藤田はＡｂｅｍａＴＶの総合プロデューサーの顔を持っていますし、各ゲーム子会社の社長も、おそらく今でもゲームのプロデュースに関わっていると思うんですね。だから、現場に入って自分で案を考えていくことも意識しないといけない。ここは、もっともっとスキルを高めていかないといけないところです。すぐに、新しいことをやりたがりますし（笑）」

ＣＡＪＪプログラムにも、感謝しているという。

「やっぱり大きな刺激になりましたね。最初の頃は、会議に出るたび営業利益はビリでしたから。でも、スタートアップを外でやって、その状況がなかったら、投資を受けて営業利益なんて気にせずに自分のやりたいことをやっていって、5年でユーザー数が10万人に増えました！　みたいなことになっていたかもしれません」

会社を経営していく上で、何が大事なことなのか、改めて痛感させられた。

「巨額の資金調達をしたら、すごい、と言われるのが今です。でも、事業が本当に成立しているスタートアップ企業が世の中にどのくらいあるのか。10億円調達したことが、本当にすごいのか」

サイバーエージェントでは、利益は当たり前に出さないといけないし、成長率だって問われる。

「上にはもっと上がいる。こんなに短期間で売り上げ、利益をここまで伸ばせるんだ、という実例が目の前にある。この目線の高さが得られたのは、本当に良かったと思っています」

ＣＡＪＪではＪ２に属し、席順もヒトケタに座っている。だが、合田に満足感はない。はるかに稼いでいる会社が上にいるからだ。

失敗しても、ネクストキャリアステップがちゃんとある

子会社の社長が数多くいる、ということで、こんなユニークな試みも行われたことがあったという。社長研修だ。

「子会社社長が集まってチームを組んで、自分の会社ではなく、他の会社の社長になったとして、経営戦略を考えてプレゼンするというものでした。例えば、あるチームはクラウドファンディングサービスのマクアケの社長になったつもりで経営戦略を考える。これが面白かった。戦略の考え方も学べました」

合田は幸運にも、自分の会社が戦略を考える対象になっていた。他の子会社社長とチームを組んで考えるだけでなく、他の子会社社長のチームがマッチングエージェントの戦略を考えてくれたのだ。

「いろんなチームが、僕の会社の提案をしてくれるわけです。今の組織は弱いので僕なら採用に振り切ります、なんて意見も出て、なるほど、そういう考え方があるんだな、と

わかりました」

担当役員とも毎週のように話をしている。外でスタートアップをしたら、こんなことはまずない。いろんな修羅場をくぐってきた役員本人から、さまざまなアドバイスがもらえるのだ。

「考えるフレームを学べるのが大きいですね。あとは、自分がやはり行き過ぎてしまうときに、微修正をしてもらえる。これは自分では難しいですから」

基本的には、子会社経営は任されている。だから、担当役員は口出ししないが、必ずしもそうとは言えないときもあるという。実は合田自身、同じマッチングサービスということで、先に登場したCAmotion社長、村岡を見る立場にもある。

「なかなか難しいんですが、放置し過ぎても、やっぱり成功確率は明らかに下がるんです。バランスです。実は僕のときは当初、担当役員はかなり口出しをしてきました。手取り足取り教えてもらった。もっと自分で経営したいのに、と思っていたんですが、今振り返ると、僕は人の言うことも聞かずに危ない方向に行く性格でしたから、そういった性格を見極めた上で介入してくれたんだと思っています」

事業が伸びてきたタイミングで、任される割合が増えていった。一方で、最初から放置される子会社社長、任せる役員もいる。それぞれに合った方法を考える。要するに、柔軟なのだ。

「経験が豊富だからって、新規事業が成功する確率が高いのかというと、おそらく今はそんなことはないと僕は思っているんです。若いユーザーのことや新しい潮流は、むしろ若いメンバーのほうが知っていたりする。それをつぶさずに引き上げることができるかどうかが、上には問われてくると思っています」

そうでないと、会社の中にあるのは古いサービスばかりになってしまいかねない。

「CAmotionにしても、やっぱり彼女たちだから、あの事業がイメージできた。ただ、それをビジネスとして成立させる、という点では僕や役員のほうがノウハウを持っている。考えるフレームを、彼女たちに武器として提供できる。でも、最後の結論は絶対に彼女に委ねますけどね」

マッチングエージェントは軌道に乗ったが、2つの事業に失敗した。その経験は、大きな価値だと思っている。

「潰したからネガティブ、というのはまったくないですね。マッチングエージェントには、グループ内で事業がうまくいかなかった経験を持つ元子会社社長が来てくれていますが、みんなここでとても活躍してくれています。失敗しても、ネクストキャリアステップがちゃんとあるんです」

むしろ、会社を清算したときに得られた経験があるから今がある、というサイバーエージェント社員は、合田も含めて多いという。

「やっぱり次の成功に対する執着は、人よりも大きいですから。絶対に失敗させたくないという覚悟や執念が出る。加えて、トップをやっていると幅広い知識も得られるし、マネジメントスキルも高い。人として個のスキルも相当上がっている、と感じます」

一方で、必ずしも経営者の仕事にこだわらない社員も多い。

「そこがサイバーエージェントの凄さなのかな、と思っています。もし経営者だけやりたいなら、サイバーエージェントには入っていない。〝21世紀を代表する会社を創る〟という理念に共感しているんです。社長でなくても、より大きく貢献できるところは何か、を考える。1つの組織に固執しない社員が多いんです」

チーム・サイバーエージェント、というフレーズを合田は教えてくれた。

「だから、自分の事業も愛しますけど、他の事業も愛す。メディア管轄とゲーム管轄で交流もあるし、共通目標を立ててプロジェクトを作ることもある。みんなで大きいことをやろうというのがサイバーエージェントの空気感なんです」

相互で意見交換をしたり、新人育成に協力したりもする。この若さにして、小さなスケールで物事を見ないのである。

第６章　まとめ

- 修羅場経験、失敗経験が人を成長させる
- 経営者になるつもりがなかった子会社社長もいる
- 事業責任者になると、当事者意識の次元が変わる
- 追い込まれる経験が、人を成長させる
- 人が離れていってしまう修羅場も経験する
- 同じ悩みを抱えた「先輩」に相談できる
- 普通に社員でいたら、できない経験ができる
- 事業が厳しい事態が成長の礎になる
- できないことを任されるから強くなれる
- 失敗するからこそ、真に学べることがある
- 組織を大きくするための経験を積む
- 事業を潰した元社長が活躍している
- 経営者の仕事にこだわらない

第7章

優秀さより「素直でいいヤツ」

——すべてはこだわりの「採用」から

「能力の高さより一緒に働きたい人を集める」

若くして多くの子会社社長、役員を輩出しているサイバーエージェント。彼らがいかに育っていったか、について詳しく触れてきたが、では特別な能力を持った人材を選び、採用しているのかというと、そうではない。

先に、創業期の採用の失敗について触れたが、その後、採用の考え方を確立させることになった。そしてこの考え方が、「経営人材」「起業人材」の輩出に大きく関係している。

サイバーエージェント執行役員で採用戦略本部、新卒採用責任者の石田裕子は言う。

「求める人物像は、本当にシンプルなんです。もしかしたらびっくりされるかもしれません。素直でいい人、です」

サイバーエージェントは〝21世紀を代表する会社を創る〟というビジョンと並び、15のミッションステートメント（263ページ参照）を掲げており、その中にあるのが、このフレーズだ。

『能力の高さより一緒に働きたい人を集める』

石田は続ける。

「例えば、学歴が高くて、とにかく優秀で、という人を大量に集めているわけではないんです。それよりも、サイバーエージェントのカルチャーにヒットするような人材、サイバーエージェントで活躍する人材を集めることを目的として採用活動を行っています」

1つ背景にあるのは、会社の変化の激しさだ、

「インターネットという業界もそうですし、サイバーエージェントという会社自体、とても変化が激しい。私自身、2004年に入社しましたが、当時は広告の会社でした」

インターネット広告からスタートしたが、まさか自分たちの会社がメディアの会社になる、ゲームの会社になるとはまったく思っていなかったという。

「スマートフォンの時代になって、また市場が大きく変化しました。これだけ何が起こるかわからない中で、その変化に対応していける人、素直に柔軟に、その時々に応じていける人のほうが活躍できるのではないか、と定義をしているんです」

特定の分野で高い能力を持っている人材を集めるとすると、いずれその能力が必要にならなくなる可能性がある。また、予想もつかないような事業が始まり、そこに配属されることになるかもしれない。

だが、サイバーエージェントが一緒に働きたいと思う「素直でいい人」をどうやって見分けるのか。これは決して簡単なことではないだろう。

「たしかに『素直でいい人、集まれ』といって募集しているわけでもありません。意識

しているのは、現場の社員との接触をとても多く持ってもらっているということです」

多くの企業が面接だけで人材を採用している。面接でしか学生と会うことはない、という会社も多い。

「サイバーエージェントの場合は、インターンシップしかり、懇親会しかり、カルチャーを理解してもらったり、社員を理解してもらったりする取り組みにかなり力を入れています。だから、勝手に合う人材がスクリーニングされていく。素直で、変化に柔軟に対応していけそうな人が、残っていってくれる仕組みがあるんです」

象徴的な言葉がある。「あした会議」で決まった新卒採用プロジェクト「ＹＪＣ」だ。これは、「良い人材を自分たちでちゃんと採用する」の略だという。

「もちろん人事も採用を頑張るんですが、現場も採用にコミットするという取り組みです。みんなで採用する。現場の社員の協力なくしては、いい採用はできないんです」

採用への現場の協力の重要性は以前からよくわかっていた。しかし、本業の仕事がある中で、現場も忙しい。人事が採用すればいいではないか、という感覚になりがちになる。そこで決議されたのが「ＹＪＣ」だった。

「経営のトップがそこが大事なんだということを改めて発信し、大号令をかけたんです」

もともと高かった現場の採用意識は、より高いものになった。先に取締役人事統括の曽山も語っていたが、本当に人事を全員でやっているのだ。

インターンシップを経験しないと内定できない

「YJC」という大号令のもと、何が行われているのか。人事が各部門のニーズをもとに採用計画を作り、現場の社員が面接官を務めたりすることは一般的だが、「YJC」はそんなものでは終わらない。

今、新卒採用の重要な手段ともなっているインターンシップ。このインターンシップも人事と現場で協働しているのだ。

「現場が欲しい人材を採用するためにチームを作り、そのチームがインターンシップの企画から運営、さらには選考までを担う役割をしています。人事は、このプロジェクトが円滑に回るよう、コーディネートをしていきます」

現場と一緒に進めるからこそ、人事主導では思いつかなかったようなインターンシップ企画が生まれてくる。例えば、新規事業を考えるインターンシップ、広告の企画を考えるインターンシップ、新しいサービス開発を企画するインターンシップ。

さらには、現場にあるデータを実際に使って仕事を経験するデータアナリスト採用のインターンシップ、社内でダンスサークル出身者が数多く活躍していることに気が付き、ダンスサークルに所属している学生を集めようと社員が企画したダンスサークルインターンシップもあった。さらには、非日常の自然の中で人間性が明らかになるキャンプ型インターンシップ……。

社内の情報を使ってリアルな仕事を体験してもらうことで、学歴などの経歴からは見えてこない優秀さがわかるかもしれない。イベント的な何かをやってもらうことで、そこから人間性が見えてくるかもしれない。

こんなふうに年間で40～50もの、さまざまなインターンシップ企画が組まれ、そして実際にここからサイバーエージェントに合う人材が見出されていく。学生の側もサイバーエージェントという会社を理解していく。

「何より避けなければいけないのは、入社後のミスマッチです。お互いに理解を深めることで、『やっぱり違ったね』という不幸を防ぐことができる。それを極力少なくすることが、インターンシップの大きな目的なんです」

面接だけでの採用の難しさを痛感している企業は少なくない。優秀だと思って採用してみたら、期待とは大きく違っていたりする。自社にぴったり合うと思って採用したが、入社後に合わなくてすぐに退職してしまったりする。面接が見事にうまかったり、自分を変

アンケート

ご購読ありがとうございます。以下にご記入いただいた内容は今後の出版企画の参考にさせていただきたく存じます。なお、ご返信いただいた方の中から毎月抽選で10名の方に粗品を差し上げます。

● 書籍名

● 本書をご購入した書店名

● 本書についてのご感想やご意見をお聞かせください。

● 本にしたら良いと思うテーマを教えてください。

● 本を書いてもらいたい人を教えてください。

★読者様のお声は、新聞・雑誌・広告・ホームページ等で匿名にて掲載させていただく場合がございます。ご了承ください。

ご協力ありがとうございました。

郵 便 は が き

料金受取人払郵便

日本橋局
承 認

1301

差出有効期間
2021年5月31日
まで

103-8790

011

東京都中央区日本橋2-7-1
東京日本橋タワー9階

㈱日本能率協会マネジメントセンター
出版事業本部 行

フリガナ		性 別	男 ・ 女
氏 名		年 齢	歳
住 所	〒 TEL ( )		
e-mail アドレス			
職業または学校名			

ご記入いただいた個人情報およびアンケートの内容につきましては、厳正な管理のもとでお取り扱いし、企画の参考や弊社サービスに関する情報のお知らせのみに使用するものです。詳しくは弊社のプライバシーポリシー（http://www.jmam.co.jp/about/privacy_policy.html）をご確認ください。

えて見せることが上手にできる学生もいる。

技術者やデザイナーなど、一定のスキルのもとで採用するケースでは能力も測りやすいが、いわゆる総合職は能力が極めて測りづらい。だから、現場が時間をかけて行うインターンシップが大きな意味を持ってくる。実際、これまでの採用内定者のうち、４、５割はインターンシップ経験者だという。

「面接だけだとやっぱり、ミスマッチが出る。そこで総合職では、選考過程にインターンシップを組み込むことにしました」

なんと、インターンシップを経験していない学生は、内定を得られないということにしたというのだ。２０２０年入社の選考から、実際に行われた。

「第４次選考まで来たら、インターンシップで職場に入ってもらいます。学生さんのスケジュールにもよりますが、丸１日から３日間くらいまで、日程はさまざまです。実際の現場を体験してもらったり、希望の職種をテーマにしたワークショップ型のインターンシップに参加してもらったり」

１日でも過ごせば、面接では見えてこないものが見えてくる。これは、サイバーエージェントにとってもそうだし、学生にとってもそうだ。お互いに理解し切れないというミスマッチをできるだけ軽減できるのである。

「学生さんが何に興味があるのか、意向をヒアリングした上で、この部署がいいのではないか、この先輩が合うのではないか、と人事がマッチングさせます。基本は1対1。中には営業のアポイントに同行したり、会議に参加することもあります」

ただ、インターンシップで行った部署に必ずしも配属されるわけではない。現場には、サイバーエージェントのどの部署に行っても活躍できる人材かどうかを見てほしい、と伝えているという。

「ちょっと難易度の高い課題を与えてもらったりするケースもあります。それに対してちゃんと最後まで逃げずに向き合えるか、自分で考えようとしているか、当事者意識を持っているか、社員を巻き込みながら推進していけるかなどを見ることができます」

サイバーエージェントの新卒採用は約250人。ここまで細やかなことをやるのだ。

子会社2社を立ち上げた末の人事への異動

新卒採用責任者の石田は、子会社2社の立ち上げを経験しており、実はIT業界では有名な女性だ。

慶應義塾大学総合政策学部在学中の就職活動では、大手マスコミなど18社から内定を獲得。2004年にサイバーエージェントに入社すると、インターネット広告事業部門に配属され、営業の仕事に就き、目標を200%、300%と達成し、社内表彰を2年で13回受賞。

社内初の女性局長に就任し、さらに部下60人の統括に昇進したときは、ちょうど妊娠していたタイミングだった。産休から戻り、Amebaのスマートフォンサービスを立ち上げ、2つの子会社の社長を経て、2018年から新卒採用の責任者を務めている。

「せっかくなので、裁量権が多い会社を、と思っていたんです。2004年の時点では、まだサイバーエージェントは『どベンチャー』ともいうような状態でそれこそ中長期のキャリアを描けていたわけではありません。本当に目の前のことをやっていただけでした」

実は、いつか結婚して辞めるのかもしれない、くらいの気持ちでいたという。母親は専業主婦だった。

「ただ、その短い期間をどう過ごすのかがとても重要でした。マニュアルがあって、言われたことだけをやっているような仕事ではなくて、もっと自分で決めて自分で失敗しながら成長できる会社のほうが、当然いいだろうと思ったんです」

だが3年経って、20人強いた同期のうち、女性は全員辞めてしまっていた。

「当時は、体力勝負の時代でした。でも、私はつらくなかった。面白かったんです。大きな会社ほど、『なんでこの仕組みがないんですか』『もっと福利厚生ないんですか』みたいな声があると聞くんですけど、ベンチャーって、ないものだらけなんです。それが良かったんだと思います。不満を言ってもきりがないので、なければ自分で作ればいい、と」

それができる側になりたいと思った。ただただ不満を言っているような人生は全然つまらない。むしろ、ないものを作れるという喜びを味わえると思った。実際、そうだった。

「だから、結婚して出産しても辞めるという選択肢はまったくなくなっていました。1ミクロンもなかった(笑)。ただ、事例は少なかったです。出産した女性の先輩はいても、管理職で出産して、それでもバリバリやっている事例が当時はなかった。女性って、基本的に事例がないと不安になる生き物なんですけど、それも自分で作ればいいやと思ってしまって。今では百数十人のいろんなママ社員がいるので、1つの事例になれたかなと思っています」

出産2カ月で営業統括として復帰、半年後にスマートフォン向けAmebaのプロデューサーへの異動を命じられた。

「大変でした。子育てしながらの仕事もですが、7年半の営業が天職だと勝手に思っていたので。会社の大きい方針転換の時代でしたから、ゼロからやり直しくらいの感覚でした。ただ、とても楽しかった記憶があります」

そして２０１３年、すでに立ち上がっていたスマホ向けオークションサービス事業「パシャオク」が子会社化されることになり、社長に抜擢された。しかし、全社の組織戦略で、社長になったパシャオクがクローズされることになる。

「ちょうど第2子が生まれたところで、まだ生まれて1カ月も経っていない子どもを抱えて会社に行き、ちょっと待ってください、と話をしました。まずは会社のメンバーとしっかり話をさせてほしい、と。丁寧にやりたかった」

２０１４年、これもまたすでに立ち上がっていた事業を「ウーマン&クラウド」として子会社するにあたり、社長就任。女性特化型のクラウドソーシングだった。だが、これも、時期尚早だったとして事業を閉じることになる。

もっとやりたい、という気持ちがある中で人事への異動を受け入れた。執行役員就任など華々しい経歴の中で、たくさんの痛い思いをしてきていた人物でもあるのだ。

「私のキャリアは、失敗だらけなんです。今度は人事で驚いた人もいたようでしたが、私はそうは思いませんでした。これも役割。今、私がそこに行くことがチーム・サイバーエージェントにとっては必要で一番いいんだ、ということ。そう自分で納得感を持っていました。私にしかできないことをやっぱり作っていこう、と」

そして初めて人事に移ってきたとき、わかったことがあったという。

「こんなに採用に手間をかけているのか、と。これには驚きました。そして、こんなに泥臭くやっているのか、と」

さらに採用を良いものにしていくために何をすべきか。模索を続けてきた。

求める人材は「逃げない」「やりきる」「自ら発信する」

もちろん採用は大事。だが、その後の育成あってこそ、というのもサイバーエージェントの考え方だ。組織を「採用戦略本部」とし、「採用から育成まで一気通貫する」という新たな戦略づくりを石田が打ち出した。

『経営人材』『起業人材』は、後天的に生まれると思っています。もちろん採用が成功している側面もある。それは、採用責任者としては言わせていただきたいですが、それがすべてではやっぱりない。入社した後にメキメキと頭角を現してくる人、メキメキとそういう思考に変わっていく人のほうが多い感覚もあるんです」

だが、そのためにはカルチャーづくりや仕組み、取り組み、施策が必要になる。しかも、相当、細かくPDCAを回しながら手を打っている。それがサイバーエージェントなのだ。

「人事に来て、これもわかったことでした。仕組みにしても、取り組みにしても、施策にしても、ものすごく細かくチューニングしているんです」

そのときの課題や、時代に合わせて少しずつ変えていく。アジャストさせていく。

「だから、きちんと機能しているんです。制度を作っても使われないと意味がない。特に、大きな視点、全社視点を持てるような場がどのくらい作れるかということが大事になるんです」

そして興味深いのは、これまでに紹介してきた取締役にしても、子会社社長にしても、同じパターンがないことだ。型がないのである。ここが出世街道だとか、有望な部署だとか、そんなものもまったくない。

「バラバラですね。これも、サイバーエージェントの強みの1つだと思っています。これは仕事でも同じで、マニュアル化はできるだけしない。型ばかりにとらわれない。フレームワークはあったほうがいいですが、妙な天井は作らない。なので、突き抜けたアイディアや、こういうことをもっとやってみたいという考えが出てくる。新たな想像力や価値創造を大事にする」

採用でも、型があったほうがラクチンだろう。しかし、それはしない。

「型を作りすぎてしまうと、同じような人ばかり採用されてしまうからです。今はあえて、いろんな目線から見て採用していきたいんです。手間はかかりますけど」

これが、現場に採用をコミットしてもらっている理由でもある。多様な人材の採用が進むからだ。

しかし、求める人材、もっと言えば将来にポテンシャルを感じられる人材として、共通の項目はあるに違いない。それはどんなものだと考えているのか。

「1つは、逃げないことです。辛いとき、苦しいときに逃げない。挑戦していればいるほど、ぶつかる壁も当然、大きくなります。そこで、逃げてしまう人がいる。一方で失敗しても、逃げずにずっと向き合い続ける人がいる。これは、雲泥の差になります」

リーダーになれば、当然これが問われる。自分で意思決定し、自分で最後まで責任を持つ覚悟がいる。これが決断経験を増やしていく。

「いかにやりきれるか、です。私も子会社の社長を二度、経験しましたが、うまくいかなかった理由はまったく違っていました。市場、競合、背景はさまざまなんですが結局、その期間に自分がどう向き合って、どんなふうにやりきろうと自分で努力したか。自分でアクションを打てたか。自分ごと化できていたかどうかが大きかったんだと思うんです」

サイバーエージェントの子会社は、基本、100%出資である。経営経験、決断経験ができるが、もし失敗したとしても戻る先があるじゃないか、と思われる。

「結果的にそうだったとしても、失敗から何を学び、何を次に活かすのかが大事だと思うんです。機会を得て経験させてもらったことを決して無駄にはしない、会社のために次に必ず活かす、という気持ちでやっています」

だからこそ、大事にするのが、本人の意志なのだ。「経営人材」「起業人材」が自然に育つわけではない。

「なるためにどう努力したかはもちろん重要ですが、周囲に知られる努力をする、発信する努力がとても大事になるんです。こういう事業をやりたい、経営者になりたい、そういう発信をしないとチャンスは巡ってきません。新規事業プランコンテストに応募したか、全社行事や会議体などのさまざまな機会に当事者意識を高く持って参加したか、今どんな強みがあるのか、などを発信することが必要です」

そして、そうした発信がきちんと受け止められる場が、サイバーエージェントにはある。声を上げ、ポテンシャルがあれば、見つけられるのだ。それを担っている専門部署がある。「キャリアエージェントチーム」である。

第７章　まとめ

- 素直でいい人、を採用する
- 「ＹＪＣ」で現場も採用にコミットする
- さまざまなインターンシップを現場が企画する
- インターンシップ経験を採用で必須化している
- 仕組みや制度がなければ、自分で作ればいい
- 採用に泥臭く手間をかける
- 人事制度は細かくチューニングされている
- 成功パターン、出世パターンはない
- 採用に型を作らない
- 「苦しいときに逃げない」「やりきる」「失敗から学ぶ」「自分から発信する」人材にポテンシャルを感じる

第 8 章

社員の「才能開花」を支援する仕組み

――「適材適所」を生む社内キャリアエージェント

毎月、全社員のコンディションを問う「GEPPO」

サイバーエージェントの人事戦略のキーワードの1つに「才能開花」がある。人材をきちんと把握し、より本人の能力が発揮できる環境を用意したい、才能開花ができるような役割を与えたほうがいい、ということだ。

今の部署よりも、別の部署のほうが成長できるかもしれない。チームのメンバーと今ひとつうまくいっていない。こういう上司のほうが合っているのではないか……。そんな「適材適所」を強く意識してきたのだ。

しかし、今やグループで5000人規模になっている。まだ組織が大きくなかった頃のように、経営陣や人事が社員を見切ることはなかなか難しいだろう。だが、サイバーエージェントは「適材適所」をあきらめなかった。これを担っているのが、2015年に生まれた「キャリアエージェントチーム」だ。

人事の一機能だが、異動などを司る人事部とは別組織になっている。若くして急激な成長や抜擢人事が行われてきたのは、キャリアエージェントチームの存在も大きい。人材戦略本部の部長で、キャリアエージェントチームを率いる大久保泰行（40）は言う。

「一言で言えば、社内のヘッドハンティングのチームです。経営が欲しいと思っているポジションに対して、速やかに適材適所を実現し、経営が考えているような組織を実現させる。そのために必要なのが、社内の人材と組織を見えている状態にすることです」

ヘッドハントという役割と、社内の人材と組織のコンディション把握の両輪で回っている組織だという。

「このチームができるまでは、必要な人材が出てきたときには、個別に役員間で議論されたり、事業間で話がされたりする中で決まっていました。ただ、サイバーエージェントではどんどん新しい事業が立ち上がりますし、子会社もできる会社です。人がどんどん必要になる。適した人がどこにいるのかがわかっていれば、経営の意思決定を速やかに任せることができるわけです。そのためには、社員のことをわかっていないといけない」

まさに社内のヘッドハンティング。では、そのために、いったい何をしているのか。1つは、コンディションを把握するツール「GEPPO《ゲッポウ》」の運用だ。わかりやすく言えば、全社員に送られる社内アンケートなのだが、驚くべきことがある。月1回のこのアンケートの回答率が、100%だというのである。

「月初になると、全社員に送られます。4つの質問で構成されるアンケートです」

1つめは、個人のパフォーマンスはどうだったか。ユニークなのは、これを「天気」で答えることだ。快晴から大雨まで5段階ある。絶好調なら快晴。いまひとつなら曇り。厳しいなら大雨、といった具合。天気で答えるだけに、極めてわかりやすく簡単である。「やはりライトに答えてもらうというのが、重要です。人のコンディションは天気のように変わっていきますから、気軽に聞いていくことが大事になります」

2つめは、組織・チームのコンディション。同様に天気で答える。チームの状況を本人がどう捉えているか、だ。これによって、チームの状況が客観的に把握できる。マネージャーは快晴にしているのに、メンバーが全員、雨、なんてケースもある。

また、全員が快晴なのに一人だけ雨、などということになると、その社員にはチームがマッチしていないか、きちんと適切なミッションが与えられていない可能性がある。チーム内での課題が見つけられるのだ。

「特に注意しなければいけないのは、急激な変化です。快晴だった人が急に大雨になっていたりすると、それは何かしら問題が起きているということです」

3つめが特別質問。これは、毎回変わる。「あなたの強みや興味ある分野、ハマっている趣味などあればキーワードで教えてください」「組織に貢献している実感はありますか?」「目標は明確ですか?」「ジョブサイズは適切ですか?」といった仕事やキャリアについての質問から、「周囲で、デリカシーのない人や振る舞いなどはありますか?」といったハラスメントに関しての質問もある。

そして4つめは、フリーコメント。「その他、伝えたいことなどあれば、ご自由にご記入ください」というものだ。

「回答率が高いのは、直属の上司ではなく、会社に考えていることを伝えられる機会だということ。あとは、発信されたものに対して応える。打てば響くものにできる限りできるように努力をしている。コミュニケーションが成立するアンケートだからです」

それを担うのも、キャリアエージェントチームの仕事だ。

「GEPPO」の情報が抜擢を呼び込むことも

例えば、快晴から急に大雨になっていたりすると、その問題は何かをつきとめようと動く。コメント欄に心配ごとが記されていれば、返信したり、話を聞きに行ったりする。ちなみに、上長はこのアンケート結果を見られない。

「基本的にコメントが入れば返信をするようにしています。また、大雨の場合、晴れから急に大雨になった場合など、いくつか条件を決めていて、その場合には、面談をすることもあります。多くのケースで、何らか困っていることが起きていますので」

ただ、ネガティブをあぶり出すためのツールではないという。あくまで、コンディションを把握するためだ。晴れている人は晴れている人で応援される。活躍している人は評価される。ネガティブチェックのためのアンケートではない。

「僕自身、今の仕事の前は営業をやっていましたが、1カ月を振り返ってみるツールとして使っていました。また、過去の履歴も自分で見られますから、振り返ることもできます。キャリアエージェントチームに、キャリア相談をすることも可能です」

一方で、興味があるキーワードや、「こんなことをやってみたい」といった内容が書かれていれば、それはGEPPOのデータベースとして蓄積される。

例えば、将棋や麻雀と書いていたら、AbemaTVで将棋チャンネルが立ち上がったときに、声がかかるかもしれない。将棋というキーワードで検索をしたときに、出てくるからだ。社内異動の検討ツールの1つになっているのである。

「こんなチャレンジをしたい、と書かれていたとき、そのチャレンジの背中を押してあげられるような状態にあれば、押します。もちろんその人の状態にもよりますね」

GEPPOは、いろんな人事情報が蓄積されている。過去に面談した履歴や、過去につけた天気や成果も記録されている。それを見て総合的に判断する。

「基本的に前向きなチャレンジで、その人と、会社にとってのプラスが重なれば異動を推奨します」

ＧＥＰＰＯの情報は上司は見られず、役員とキャリアエージェントチームのみに共有される。この情報を元に、異動の起案もする。

「こんなポジションが必要だというときには、こんな人たちがいて、この人たちのキャリア志向はこうです、と役員に上げていきます。役員会で、『この人はマッチするかも』ということで進んでいくわけです」

これを全社員のスケールでやっているというのだ。自分がどんなコンディションなのか。何かやってみたいことはあるか。興味を持っていることはどんなことか。困っていることはないか。そういうことを発信する機会を会社が用意してくれているのである。

そして会社が人材を探しているとき、キーワードが合致し、しかるべき状況にあれば、抜擢されるチャンスも出てくる。

さらに自分の「適材適所」を実現させていくために、キャリアエージェントのスタッフと相談もできる。しかも、直属の上司に知られることもなく、である。筆者の私もずいぶん前に会社員を経験しているが、これはなんという、ありがたい仕組みだろうかと思う。

回答率が１００％だというのも、うなずける。しかも、何らかのコメントをしてくる社員が毎月８００人ほどになるという。

そしてキャリアエージェントチームは、３営業日内に返信か、面談か、などすばやく対応していくという。

「僕たちが意識しているのは、GEPPOは聞くツールではないということです。信頼関係を作るためのコミュニケーションツールなんです。そこを間違えると、回答率も下がってしまうと思いますし、素直に話もしてくれないと思っています。できる限り、GEPPOというツールの上でコミュニケーションを取って、相談したい人との信頼関係を築くことが重要だと思っています」

ちなみにGEPPOはリクルートホールディングスとサイバーエージェントの合弁会社で外販もされており、多くの企業で採用・導入されている。

社内求人サイト「キャリバー」と社内異動公募制度「キャリチャレ」

大久保は立教大学社会学部を卒業後、2003年にサイバーエージェントに入社。インターネット広告事業部門の営業としてスタートし、営業局長を務めていた。

「14年間、営業の仕事をして、一度、自分のキャリアをゼロにしたいと思うタイミングがあったんです。異動先を検討していたとき、選択肢として出会ったのが、キャリアエージェントチームでした。僕は今40歳ですが、僕自身もキャリアを変えた経験者として、何らかの形で相談に乗ったり、話ができればいいな、と思いました」

大久保が率いるキャリアエージェントチームには、GEPPO以外にも運用を手がけているものがある、それは「キャリバー」と「キャリチャレ」だ。

「キャリバーは、社内の求人サイトです。オープンになっている求人が常に400くらいはあり、それが社内LAN限定で公開されています」

会社の規模が大きくなり、他部署が何をやっているのかが見えづらくなったことにより、現在の部署以外に異動はできないのではないか、そんな道があるとすら思えないと考えてしまう社員も出てくる中で、選択肢を提示し、そうではないのだということを伝える目的があるという。

「事業部によって、いろんなポジションを求めていたりします。また、営業が欲しい、人事が欲しい、コンサルタントが欲しい、など職種もさまざまです。キャリアに悩んだときや、何か選択肢がないかなと思ったとき、常に開かれた空間として存在しています」

ともすれば、今の仕事よりも魅力的ではないか、と思える仕事を社員が知ってしまうことは、会社にとってリスクとも思えてしまうのだが、サイバーエージェントはそんなふうにはまったく考えない。

「インターネットに関わる、いろんなことにチャレンジできる会社なんです。だから、社内に求人サイトがあっても、そんなに違和感はないですね」

実際に応募することも、もちろんできる。管轄している人事に問い合わせることもできるし、フラットな立場のキャリアエージェントチームに「これはどういう人を求めているのか」「自分に合うのか」といったことを相談もできる。

「選択肢がない、というのが、一番苦しいと思うんです。何かあったときの選択肢として、キャリバーは提供できているのも大きいと思います。万が一、悩んだとき、そういう選択もできるのだということで、心の安心につながりますから」

たしかに、選択肢がなければ苦しい。今の部署にはどうしてもいられないとなったとき、辞める選択肢しかできなくなってしまうかもしれない。しかし、多くの会社で異動はそれほどあるわけではない。異動希望も簡単には通らない。

ところがサイバーエージェントの場合は、むしろ会社側から選択肢を用意してくれているのである。しかも、先にも書いたように、なんと異動は月に2回ある。年2回ではない。月に2回、1日と16日が異動日なのだ。組織新設や異動を知らせる案内メールは、頻繁にやってくるという。ここでも「変化」が推奨されているのだ。

そしてもう1つ、キャリアエージェントチームが運用を手がけているのが、「キャリチャレ」である。これは、求人の有無に関係なく、あの部署に行きたい、と自分で手を挙げることができる社内異動公募制度だ。年2回、実施されている。

「これは1つ条件があって、その部署に所属している期間が1年以上であることです。事前に人事の面談などがあり、役員会議で決議し、その後も部署と面談をして合うか合わないかを確認していきます。マッチングが成立した場合は、異動が決まります」

多いときには、100名近い手が挙がることもあるという。

「AbemaTVの事業がスタートしたときには、臨時キャリチャレも行われました。新事業にチャレンジしたい人からサッと手が挙がりましたね」

ヒットゲームを出していたゲームプロデューサーの女性が、AbemaTVで女子高生に大きな支持を得る恋愛リアリティショーのプロデューサーになった例もあるという。

キャリチャレには、プラスαで「FA権」もある。キャリチャレは、自分から手を挙げるが、一方で自分で手を挙げなくてもいいのが「FA権」だ。

「僕たちは『言えるキャリチャレ』『聞かれるFA』と呼んでいるんですが、FAは聞いてもらえるんです。特定期間が過ぎると、特にエンジニアの社員ですが、もし行きたいところがあったら、こっちから話もできますよ、とアプローチするんです」

エンジニアの中には、なかなか自分からは言い出せないケースも少なくないという。

「だから2年くらい経ったとき、こちらから聞いてみるんです。自分から相談してきて、手を挙げて異動する人もいますが、ちょっとモヤモヤしている人に、こちらから声をかけてあげる。これも大事なことだと思っています」

サイバーエージェントは、「適材適所」のために、ここまでやるのである。

本人はどうしたいのか、が一番大事

「キャリバー」「キャリチャレ」には、トレンドが見えてくる面白さがあるという。どんな事業が盛り上がっているのか。どんな事業が人を求めているのか。どんなところに、みんなが行きたがるのか。それが見えるのだ。

「そんな中でも大事なことは、個人のチャレンジにつながるものであることです。とにかく声を上げれば異動できる、という制度にはしたくない。本人にとってもプラス、会社にとってもプラスという両者ウインウインの関係が築けるような制度を心がけています」

異動したいという相談に対しても、キャリアエージェントチームはかなり慎重に対応する。

「手を挙げて異動したいと言っていても、例えば今の仕事よりもスケールが小さくなってしまって、それがチャレンジにつながらないケースは率直に言います。それでも行きたい理由があるかどうか」

将来的なチャレンジにつながっているのであれば背中を押すし、そうでなければフラットに考えて、今の組織にいるメリット、デメリットを整理したりもする。

「あくまでも挑戦を応援するということです」

そしてＧＥＰＰＯ、キャリバー、キャリチャレの運用をしながら、キャリアエージェントチームは経営からのオーダーを受けて人材を探しに行くジョブローテーションがある。これを「ジョブロ」と呼んでいる。年間１００人から１５０人くらいになるという。事業部長クラスから、現場の社員まで幅広い。

「新しい事業が立ち上がったときに事業責任者が欲しいということもあるし、すごく忙しい部署になってしまっているので現場の人を求めることもある。経営課題に人で解決できる提案をしています。ＧＥＰＰＯで上がった声も材料にしています」

抜擢人事にも関わる。

「これはサイバーエージェントのいいところだな、と思うんですが、本人はどうしたいのかを大事にするんです。候補として上げるときにも、本人のセリフを役員会では問われたりします。また、事業責任者というキーワードをＧＥＰＰＯのフリーワードで書いていたり、ということも大きい。その意味で、最も人の情報を持っているのは、おそらく僕たちだと思います」

採用の段階から、情報はストックされている。評価ももちろん、データベースに入っていく。活躍している情報、いい評判の情報も入って来る。リーダーとして部下がどう見ているか、GEPPOにも現れる。ただし、これはキャリアエージェントチームと役員にしか見られないのだ。そして、年次に関係なく評価される。

「そもそも、チームワークをすごく大事にしているし、年次が上とか下とか、あまり関係ない会社なんですよ。新卒社長が出てきたり、後輩が上司になったり、というのはとてもいいカルチャーだと僕は感じてきました。若い人材にどんどんチャンスを与えていけば、会社も成長する。それをまわりが応援する環境が当たり前にできているのは、本当にいいことだと思います」

大久保自身、後輩が上司になったり、子会社社長になったこともあったという。

「まったく違和感はなかったですね。その人が人格者であるということもあります。そういう人をちゃんと上げていくんですよ。そもそも伸びているドメインに対して、伸びる可能性がある人を当てるのは当たり前の話です。そこにはみんな納得感があった。面白いドメインがどんどん成長していったほうが楽しいじゃないですか。それが実現できる人はそこに行ったほうがいい。僕よりもその人のほうが可能性があるなら、それを応援したいですし、そういうことをする組織で働きたいと思いますから」

採用時にカルチャーの合う人を採っている、とは先に書いたことだが、大久保はこう言う。

「優秀な人を採るわけではなく、カルチャーに合う人を採るのは、カルチャーに合う人が一番成長するからです。その考え方に則っているんです」

入社から14年。勃興するＩＴ産業で、大久保が会社を変わるチャンスがなかったはずはない。ヘッドハンターからも声がかかった。しかし、動かなかった。

「理由はけっこうシンプルで、サイバーエージェントの中でできないことがなかったからです」

もとより会社はどんどん変化し、成長し続けている。その成長の一端を担い、その成長を応援していきたいとずっと考えてきたという。

第8章　まとめ

- ●適材適所のための専門部署がある
- ●全社員にコンディションアンケート「GEPPO」を毎月実施
- ●5段階で簡単に答えられる
- ●組織のコンディションも聞く
- ●特別質問を毎回、変えて飽きさせない
- ●フリーコメントも加える
- ●心配なときには専門スタッフが面談する
- ●フリーコメントが抜擢材料になることも
- ●社内求人サイト「キャリバー」
- ●社内異動公募制度「キャリチャレ」
- ●経営からのオーダーで社内人材を探す「ジョブロ」
- ●本人の意志が重視される

第 9 章

あらゆる場所で人材を見る幹部

――ポテンシャル人材を常に探している

幹部が社員に会って一次情報を取りに行く

先に登場した新卒採用責任者の石田へのインタビューで、興味深い言葉があった。

「サイバーエージェントは、経営陣が人事に対して、とても強い興味関心を持っているんです。人に興味がある。人をやる気にさせる仕組みに興味がある。いい仕事ができる制度に興味がある。適材適所や才能開花を本気で考えている。だから、会社全体もそうなるんです。これが当たり前なんだ、という風土になっていくんです」

サイバーエージェントには、他社でもすぐに使えそうな仕組みや制度がある。しかし、表面上だけ真似ても、おそらくうまくいかないだろう。問われるのは、本気だ。

「やっぱり運用力が問われますよね。制度を作って終わりではなく、いかに使われる、機能するものになるか。変化に合わせてずっとバージョンアップし続けられるか。インターネット広告の営業では営業力も必要ですが、大事なのは運用力なんです。効果を出す仕組み。そこにサイバーエージェントは長けているんじゃないかと思います」

キャリアエージェントチームの大久保も、これまた興味深い話をしていた。

「役員会は毎週、行われているんですが、半分は人の話なんです。異動だけではないですね。どの社員が今どういう状況か、といった個別の話も多い。ＧＥＰＰＯのコンディションもよく見ています」

その「人」を見ている人事部門のトップは、第2章に登場した取締役の曽山だが、実は曽山自ら積極的に社員に会いに行っていたりするのだ。それこそ、GEPPOで会いたいと書いてきた社員にも会う。大久保は続ける。

「エモーショナルな情報は、一次情報を取りに行かないと手に入らないんです。私もGEPPOだけでなく、社内で気になる情報があれば直接会いますが、役員の曽山も会っているんです。複数人を呼んでランチをしたり、きちんと一次情報を持っている。だから、人事に説得力が出るんですすね」

そして社員に会うときには、よくやっていることがあるという。

「曽山もそうですが、面談をしたら、まわりのお勧め人材を聞いています。活躍している人は誰か。人格者だと思うのは誰か。逆に心配なのは誰か。そういうことを聞くと、多面的に人が見られるようになる。これは、やっぱり社員に実際に会ってみないと出てこないことなんです」

こうして、社内からポテンシャルのある人材の情報がインプットされていくのだ。遠くから眺めて、成果だけを見て判断しているのではない。実際に、一緒に働いている仲間がどんなふうに考えているのか、それも直接きちんと聞いていくのである。

「成果をものすごく出しているだけで昇格する、抜擢する、というわけではないんです。やっぱり人格者であるかどうかは大事です。あの人と仕事をしたい、あの人についていきたい、という声が聞こえてくるかどうか。本当に活躍をしていたり、優れた人というのは、まわりからいい評判が入ってくるんです」

そして、そうした人材はきちんと選抜して次世代の幹部育成プログラムに載せていく。例えば、「CA24」。これは、30代前半をメインに、20代、30代の中から次世代の幹部候補を育成していくプログラムだ。毎年24人が役員によって選抜され、役員が講師になって1年かけて育成していく。

また、「YM18」もある。これは、20代の社員が横串で集まり、さまざまな取り組みをしている「YMCA（ヤングマンサイバーエージェント）」という組織から入社3年目以内の18名が選抜され、若い幹部を育てていこうというプログラムだ。30歳前後の役職が上の社員が講師となって運営している。

若くて優れた人材が、ただ抜擢されているのではない。経営陣が自ら強い関心を持ち、しっかり目を配り、直接、周囲から話を聞いて判断しているのだ。かつて雑誌の取材で藤田にインタビューしていたとき、彼が意外なことを言っていたのを思い出した。

外部の人と会食をするだけではなく、社員と一緒に食事をする機会を増やすようにしている、と語っていたのだ。社長の藤田自らが社員と直接、コミュニケーションを交わす努力をしていたのである。

そして有望な人材は選抜して、プログラムで育成していく。幹部自らが驚くほどよく社員を見ているのが、サイバーエージェントという会社なのだ。

入社４年目で最年少執行役員になった社員

入社からわずか４年目、２０１５年に執行役員に就任した社員がいる。サイバーエージェントでも、最年少の執行役員就任だった。２０１２年入社の宮田岳《がく》（30）だ。インターネット広告事業本部に配属され、２年目にマネージャー。さらには3年目に営業局長になり、翌年に執行役員に抜擢された。

早稲田大学法学部在学中から漠然と憧れていたのは、経営者になること。そのためには、できる限り大きな事業に関わるか、自分で事業を作る側に行くことを考えていた。

「興味を持ったのが、商社とコンサルティング会社、あとはサイバーエージェントでした。学生時代に藤田の著書を何度も読んでいて。サイバーエージェントの社員にはＯＢ訪問で10人くらいに会いました。そこで知ったのは、僕と年齢が２つ、３つしか変わらない先輩が子会社で社長になっていたり、局長という部長クラスの役職についていたりするということ。サイバーエージェントには年功序列がないんだと、肌で感じました」

OB訪問を行った際、社員は仕事のやりがいや夢を語った。一方で商社やコンサルティング会社では、ワークライフバランスや華やかな仕事ぶり、給料や安定性を語られた。

「これを聞いて、サイバーエージェントで働くのが、一番成長につながると思いました。何より、本当の実力主義で言い訳のきかない環境に魅力を感じました」

実は当時、インターネットについて、ほとんど知らなかった。驚くべきことに、アマゾンやフェイスブックも知らなかったのだという。

「入社後、直属の上司からお薦めの書籍について教えてもらいました。その際、アマゾンのリンクを送ってもらったのですが、URLを押して出てきた本の題名と作者をメモして、家の近くの本屋で買おうとしていました（笑）」

パソコンのタイピングも苦手だった。にもかかわらず、インターネット広告事業を希望した。対法人の営業だったからだ。

「ここで3年頑張って営業部門でMVPを取ろうと思っていました。法人営業を経験することで、自分の社会人としての成長につながると考えたからです」

入社後の宮田の特徴は、とにかく意思表明していたことかもしれない。入社間もないタイミングで、とんでもないことを上司にお願いしている。

「とても生意気でしたが、一番できる営業のところにつけてほしいと言いました」

そうすると当時、営業でベストプレーヤーとして表彰されていた先輩のグループに入った。ここで営業のいろはを学んだ。宮田は大きな衝撃を受ける。

「営業ができる人って、人の懐に入り込むコミュニケーション能力に長けていて、自分から積極的に提案していく力がある人だと僕は思っていたんです。ところが、その先輩はお客さんにどんどん質問していくわけです。売りたいものの良さを伝えるというより、相手に必要性を感じてもらうスタイルでした。その先輩に教えてもらったことにより、営業の幅が広がりました」

それがわかると、また声を上げた。新規開拓営業をやらせてほしいと申し出たのだ。

「同期から新規をやれば大きな成果が出るらしい、という話を聞いたからです。ただ、当時僕は全く仕事を覚えられていませんでした。上司に相談したところ、現時点では新規は任せられないと言われてしまいました」

宮田はあきらめなかった。では自分の持っている既存の顧客をここまで伸ばしたら新規をやらせてほしいと申し出た。そして、５カ月でそれを達成する。すると、新規を任せてもらえるようになった。

「入社半年でマネージャーになった社員もいました。ですから、僕は一人前になるのに時間がかかったタイプだと思います。早く結果を出したかったですね。経営する側に回りたいという思いが強かったです。そのためには、結果を出すしかないと思っていました。それがモチベーションとなり、最短で結果を出すことが、自分のやりたいことにつながると思っていました」

新規開拓を任され、知恵を絞った。対外的には大きな広告を打っているクライアントが、サイバーエージェントでは取引の小さいことに気が付き、大型受注に成功する。入社2年目でマネージャーに昇進した。ここでも意思表明が大きかったと語る。

「今まで取引が小さかったクライアントで大型受注をして結果を出したことも評価されたのだと思いましたが、経営者になりたい、と発信していたことも大きいと思います。それなら、早めにチームを持って学んだほうがいいだろう、ということで抜擢していただいたと思っています」

年上の部下との向き合い方

さらに8カ月後、営業局長に昇進する。

「これは僕が今の立場になったからわかるのですが、サイバーエージェントは象徴的な抜擢を意図的にしているところがあるんです。それが周囲に刺激を与える。上の世代もそうですし、下の世代もそうです。抜擢すると、プラスマイナスで考えたとき、かなりプラスが多いんです。責任感も増えて、その人はより伸びるし、横並びの同期にもかなり刺激となり、次は自分だ、と頑張ったり。上の世代も刺激されます」

だから抜擢できる人材を、役員たちが常に探しているということも知った。

「広告代理事業に限らず、サイバーエージェント全社でどんな優秀な人材がいるか、何を任せればその社員がより伸びるのか、役員だけではないですが、みんなが目を皿のようにして見ています。これには、全社でかなり注力していると思います」

だが、抜擢者がいるということは、年次を飛び越えられてしまう社員も出てくる。ネガティブなオーラが発せられているのを感じたことはないのか。

「限りなく少ないと思います。会社の文化や雰囲気としてかなりマイノリティですし、そういうことを言っている人はいけてないよね、という空気があるからです」

そもそも抜擢は次々に行われていく。いちいち嫉妬していてはバカらしくなるのかもしれない。ただ、年上の部下をマネジメントしていくことは、そう簡単にはいかない。

「そこには一時期、苦労したこともありました。ただ、年上の方とチームで一緒に仕事をする機会が多く、そこで気づいたことがありました。それは、上司部下ではなく、役割の違いだということです。僕ができないことが、一緒にやっているメンバーだったり、プレーヤーにはできるわけですから」

素晴らしい企画を作るプレーヤーがいる。プロダクトに対する詳しい専門知識を持っているメンバーがいる。

「僕よりもスキルが高く、知識も深い人がいる。だから、こういう人たちがいないとチームは成り立ちません。ただ、逆に僕にしかできない役割もある。だから、対等なんです。役割の違いで、ただ一緒にチームとしてやっている。だから、頼るときは頼らせてください、頼りたいときは僕のことを頼ってください、というのはいつも伝えていました。本当にそう思っています。だから、軋轢のようなものは少ないと思います」

これは、役員と飲みに行ったときに教わったのだという。抜擢され、いきなり上司になったことはうれしいことでもあったが、宮田の中には違和感も残った。

「自分の実力は何も変わっていないのに、会社として抜擢をしてもらったタイミングで上下みたいになるのはすごくおかしいと感じました。役割の違いというのは、自分の中でもしっくりきて腹落ちしました。だからずっと心がけています」

そもそもサイバーエージェントでは、ポジションと報酬体系とは必ずしもリンクしない。

ポジションが上だったからといって、報酬が上とは限らない。だから、思い切った抜擢ができるともいえる。

局長への昇進についても、心当たりが実はあった。これはプレーヤー時代から勝手に経営側に立ち、考えるということをやっていたのだ。

「広告代理事業の戦略はもっとこうしたほうがいいのではないかとか、よく勝手に考えていました。経営したいと強く思っていましたから、自分がマネージャーだったらどうするか、局長だったらどうするか、自然と自分で考えていたんです。この思考は今振り返っても、とても良かったと思っています」

マネージャーになったとき、上司の局長があまり得意でないことを自分がやることが、組織にとってプラスになるということも意識した。

「いつも、広告代理事業をどうするか、ということを主語にして考えていました。組織として最大化するためにどうするのがいいか、という視点で考えていましたので、自分のミッションでいっぱいいっぱいになるということはなかったと思います」

一方で、同期たちとはよく飲みに繰り出した。ほとんど仕事の話だった。どうやってここからもっとインパクトのある仕事をしていくか、という話ばかりしていた。

本気で社員に機会を与えにいこうとしている

局長時代、「CA24」の前身である「CA36」、20代の経営人材の育成プロジェクトに参加する36人のメンバーに選ばれた。役員総出で若手を育てるプログラムだ。1年間、月1回、丸一日、学びを受けて夜は懇親会が行われた。

「目の前の仕事から離れ、経営のことを学べるチャンスでしたから、自分の中でもかなりコミットしていったプログラムでした」

メンバーは社長の藤田と役員が選んだ。新規事業創出担当の飯塚は同期だが、彼も一緒だったという。プログラムは、役員の名前で誰それの会というふうに毎回名付けられていた。そして社長の藤田の会で宮田は頭角を現す。

「当時の役員全員が急にいなくなってしまった。明日から自分が社長をやる。さあ、どうするか、という課題が社長から出されたんです。そのアウトプットで、最優秀賞を決める、ということでした」

宮田はここで、最優秀賞を獲得する。

「藤田は創業社長です。藤田がいなくなって、じゃあ僕が社長です、と言っても誰もついてくるはずがないと思ったんです。そのため、サイバーエージェントをホールディングス化し、各事業を会社化するという案を考えました。今まで事業を成長させてきた功労者を、その社長に据える。ホールディングス社長の僕は一歩引く経営をして、どうしていくかを考えるというものでした」

スローガンは、全員経営。今は藤田という創業者が率いている会社だ。まさにポイントをついた案だった。

「社長になったら何かを変えなきゃ、と思いがちですよね。でも、どう地に足をつけて会社経営をするか、というところが評価されたのではないでしょうか。実際、ちょっとリアルに考えてみたとき、僕が全社員の前で今後の方針みたいなものを打ち出しても醒めるな、と思ったんです」

入社3年目の時点で、宮田の視点は広告事業を超えるようになっていた。どこかのタイミングでこの会社はホールディングス化することになるかもしれない、と思っていたという。リクルートのような先例もある。会社の規模的にも、このままということはないだろう、と。翌年、執行役員を命じられた。

「サイバーエージェントの執行役員って、他の会社の執行役員とはちょっと違って、肩書き的な意味がすごく大きいと思っているんです。だから、何をやろうか、と会社のためにできることを探しました」

実は、なぜ自分を執行役員にしたのか、藤田に聞きに行っている。

「15分だけ時間をもらいました。そうしたら、早く経営の経験をしたほうがいいと思ったから、と。言われたのは、それだけでした」

そして宮田は早速、ここでも「意思表明」をしている。全社でどんなミッションを持つべきなのか、を問われ、「あした会議」で提案をしたのだ。それが、「YMCA」だった。

「サイバーエージェントの20代のトップラインを引き上げるという大義名分のもと、いろんなことをやる組織を、社長直下で僕と山田（前出の山田陸）とでやらせてもらうことになりました。会社として20代をどう育成していけばいいのか、いろんなことをアウトプットして、社長に直接フィードバックをもらって、全社横串で動かしていく経験ができました」

まだ30歳とはとても思えない落ち着きと視点の高さ、そして謙虚で丁寧な対応。なるほどサイバーエージェントでいうところの人間力を持った人材、ポテンシャルのある人材とはこういうことをいうのか、とよくわかった取材だった。

「サイバーエージェントがもっと成長するために、いかに自分が貢献できるのか。そのために広告事業をどうするか。サイバーエージェントグループに足りないM&Aやグローバル進出をどう考えるか。広告代理事業を先頭に立って伸ばしていくかたわら、全社オールのためにチャレンジをしていきたいです」

なぜ宮田のような人材が若くして育つのか、率直に聞いてみた。

「会社として本気でその機会を与えにいこうとしているからだと思います。実際に抜擢して、機会を与えて、育成に本気で臨んでいる会社って少ないと思います」

日頃の「意思表明」で得た海外赴任

あらゆる場面で人材を見ようとしている、というのは、役員やキャリアエージェントチームだけではない。上司も同様だ。上司は常に部下の「意思表明」に目を光らせている。そんな上司とのやりとりをきっかけに、子会社社長というチャンスに出会えた人物もいる。

クラウドファンディングプラットフォーム事業を展開する株式会社マクアケ社長の中山亮《りょう》太郎《たろう》（37）もその一人だ。

クラウドファンディングといえば、チャリティ的な側面、あるいは投資的な側面が大きなプラットフォームも多いが、企業のマーケティングに着目。世の中にまだない新製品、新サービスを生み出し、広げ、残していくための画期的なプラットフォーム「Ｍａｋｕａｋｅ」を運営している。プロジェクトを応援・購入したサポーターには、できあがった製品や権利が返される。

すでに7000件以上のプロジェクトを実施。大企業の研究開発技術をベースにしたテクノロジー領域から、日本酒、レストラン、伝統継承や映画、音楽まで幅広くサービスを提供。サッカーの本田圭佑選手や歌舞伎役者の市川海老蔵が事業への出資者として名を連ねていることも話題となり、2019年12月に東証マザーズに上場した。

中山は2006年入社。慶應義塾大学法学部在学中、父親が突然に語り出した言葉がサイバーエージェント入社のきっかけになったという。

「家族みんなで焼肉を食べに行っていたら、いきなり『人は生まれてきたからには、会社でもいい、事業でもいい、家族でもいいし、子どもでもいい、何でもいいから価値を残さなきゃならん』みたいな話を大まじめにし出したんです」

就職活動では、事業や会社を作れる人間になるにはどうすればいいか、を考えた。いきなり起業する力は自分にはないし、勇気もなかった。

「そんなときに、友達が『事業を作るならサイバーエージェントだよ』と教えてくれて。大変失礼ながら、僕はサイバーエージェントという会社を知らなかったんです」

もっと言えば、他の名だたる大企業のこともなんの会社か知らなかったという。そんな中、藤田の講演を聞いて、ここだ、と思った。

「若いうちにいっぱい経験できたほうがいい。インターネット産業は新しい産業だから、若い人間も社会人20年のベテラン選手もヨーイドン、しかも若いほうが伸びしろがあって、成長のスピードが早いから勝てる要素がある、という話はとても刺さりました」

最初の配属は、社長アシスタント。当時あった配属面談で、藤田に直接「社長になりたい」と申し出たからだ。

「なんで、と藤田に聞かれて、『わからないです。本能です』と答えてしまったのを覚えています（笑）。そしたら、社長室に来るか、と」

1カ月ほど朝のお迎えの運転手や藤田の仕事の手伝いをした後、社長室室長のもとで、大企業とのアライアンスによるメディア事業の立ち上げに参画、4年を過ごした。

「もともと事業を作りたい、会社を作りたいと思っていましたが、それだけだったんです。規模とか、何をやるとか、そういうことをないがしろにしていたことに気づいていって。いろんな人に話を聞いているうちに、世界の隅々に価値を届けられるような事業を作っていきたいと思うようになっていきました。根が単純ですから、大きなことをしていきたい、と」

だが、当時の仕事は東京都心部を行ったり来たりするだけ。

「世界地図なんて、頭の中にはまったく浮かばないわけです。東京の路線図くらいで

（笑）。これはちょっと変えなきゃいけないと危機感を少し持っていたら、ドンピシャのタイミングで、担当役員から『中山君、ベトナムに行きたいと思わない？』と聞かれました」

この役員はベンチャーキャピタル部門も管轄だった。サイバーエージェントは、そのときすでにベトナムで4社にベンチャー投資をしていた。東南アジアの成長が期待される中で、優秀なベンチャー企業に出会ったのだという。

「前任者がいたんですが、代わりの人を探していたんです。誰々はどうかな、誰々はどうかな、と聞かれているうち、中山君はどうなの？　ということになって。え、行っていいならいいですけど、みたいな感じになって」

思いも寄らないところから、海外赴任のチャンスを手にした。2010年のことである。

ベトナムのネット産業に詳しい日本人はいない

了承はしたものの、ベトナムに縁があったわけではない。ベトナム語を聞いたこともなかった。ところが行って驚いた。日本以上、というほどにインターネットが普及していたからである。

「ベトナムで売られていたのは、電気製品も化粧品も日用品も、海外製品ばかりでした。

日本製品もありました。ベトナムの人たちは、海外のもので生活しているんです。ところが、インターネットだけは現地の人がメイド・バイ・ベトナムで作っていたんです。生活する上では海外のものだらけの中で、インターネットサービスだけは自分たちの国の人間で作ったものを使っていた。だから、国を代表する産業にできるんじゃないか、と行ってすぐに感じました」

世界のインターネットの先端事例をベトナムに導入する。それに対して投資をすれば、投資先として有望だと考えた。赴任していた2年半の間に、投資件数を倍以上にし、数十億円規模まで増やしていく。そしてその間に、大きな「武器」を手に入れた。

「世界で、ベトナムのインターネット産業に詳しい人間トップ5に入ったと思いました。トップ1だったかもしれない。実際、そんな人はいなかったんです。すごくニッチですが、今後の見込みがあるところで、オンリーワンかつナンバーワンという状態を作れた」

日本から錚々たる大企業の役職者が、「ベトナムのインターネットのことを教えてほしい」といってやって来たりする。

「それで、20代のまだ何もなし得ていない人間がお会いするには畏れ多いみたいな方と、次々にご一緒できて、とてもありがたかった」という。

そして当然、世界地図を広げることになった。ベトナムは全世界から情報を仕入れ、モノを仕入れて生活していた。世界の情報とモノとお金の流れがよく見えた。

「自分が外国人だったということで、感度はより高まったんです。そこにモノサシができた。ベトナムと日本の文化差、経済格差みたいなところから、香港はこのくらい、ヨーロッパはこのくらい、などビジネス市場がグローバルに見られるようになりました」

ビジネスにおける外国語、というところでも自分なりの気づきを得た。2カ月、猛烈にベトナム語を勉強したが無理だと悟った。体得するまでに時間がかかり過ぎる。

「それで、現地で日本語のできる人を採用し、僕と一緒にやっていくスタイルを身につけました。これは今も生きていて、現地語がしゃべれる人と僕というスタイルって、どこでも同じなんです。マクアケが中国、韓国でスムーズに展開できたのは、その感覚があったからです。海外で成果を出していく方法の1つとして自分なりに身につけました」

通訳ではない。ビジネスパーソンが日本語をしゃべる。そういう人物を探すのだ。

「ベトナムのときも、たくさん会って決めました。いろんな人材紹介会社があって、面接をたくさんして、最も優秀な人材を見つけて」

そして、後につながる決定的な気づきが、ベトナムであった。日本という存在が、どうにも薄くなっていたという気づきである。

「2年半生活していて、とうとう日本の家電製品を使っていない自分がいたんです。仕事で使うものも、日本のものがゼロ。パソコンもスマートフォンもアメリカのもの。アンドロイドスマホは台湾製。冷蔵庫はLG、テレビはサムスン。あれ？　と思って」

映画館に行っても、韓国の映画はやっていても、日本の映画はやっていない。

「おかしいな、と思ったわけです。日本のものづくりは、世界を席巻していると言ってたよね、と。クールジャパンだよね、と。でも、家電量販店に入っても、日本のブランドは端っこのほうで蜘蛛の巣が張っているような状態でした。このままではいけないという気がして。かつてのウォークマンが日本から生まれたようなことを、どうすればできるのか、と思うようになって」

折しもその頃、サイバーエージェントの本社では「あした会議」が開かれていた。そこで議題に上がったのが、クラウドファンディング領域の会社を作ろう、だった。ざっくりした決議で、誰がやるかも決まっていなかった。

「ベトナムで休日を過ごしていたら、電話が鳴ったんです。『中山くん、クラウドファンディングって知ってる？』。当時の上司でした」

もちろん、知っていた。ピーンと来た。世界で存在感が薄かった日本に何か起こせるかもしれない、と思った。ただ、まだ解像度はぼんやりしていた。上司に「すぐに帰ります」と申し出た。

どの上司も「何をやりたいの？」と聞く

どうして中山に声がかかったのか。それは「意思表明」をしていたからだ。もっと言えば、それをする機会を頻繁にもらっていたのだ。

「それこそタクシーで移動中に、上司から『将来何やりたいの？』なんて、ポロッと聞かれることはごく普通のことでした」

中山が言っていたのは、「社長をやりたい」だった。

「さすがに『すぐにでも』となると、直属の上司ですから『今のミッションにきちんと向き合わないのか』と受け取られるかもしれないので、そこは濁しながらでしたけど、男気で汲み取ってもらえていると思っていました（笑）」

上司が何人か替わったが、毎回毎回、「何をやりたいの？」は聞いてもらっていた。

「どの上司も全員、そうでしたね。世の中のマネージャーって、そうなんじゃないんですか？　サイバーエージェントでは、上司が『将来どういうふうに考えてんの？』と聞くのは当たり前だと思っていました。『こうなりたい』があった場合には、応援してくれる文化がある。そういう願望を、誰もバカにしないですから」

実際、中山が上司に聞かれ、タクシーの中で「社長になりたい」と答えていたら、思わぬチャンスが降ってきたのだ。

「あした会議でクラウドファンディングの事業が決議されたとき、『そういえば、中山が言ってたな』くらいの感じで、上司が思い出したんだと思うんですよ」

だが、社長にするには当然、役員の中でオーソライズされなければいけない。その上司が、中山が社長をやるのが適任であるという提案をすぐに藤田へ進言したところ、中山の社長抜擢が即決された。

「立ち上げはとにかくスピードが大事だと、帰国したその日の晩と、次の日の晩に、今の取締役のうち2人に社内で声をかけていました」

これで、最初の3人の役員が決まった。

「大企業から、新規事業の立ち上げ方を相談されたりすることがあるんですが、サイバーエージェントが持っているユニークな文化は、新しいチャレンジをしようとするときに、数千人もいる社員たちがすぐに理解をしてくれることなんです。役員にしても、人事にしても、あっという間に受けてくれる。普通の会社だったら、言えないと思うんですよ。『はないちもんめ』じゃあるまいし、誰々ください、なんて」

ところが、サイバーエージェントではできるのである。声をかけられた本人も、新しいチャンスとして受け入れる。優秀な人材を引き抜かれる上司も受け入れる。それが、会社全体としてはプラスをもたらすと信じているからだ。これこそ、「チーム・サイバーエージェント」スピリッツである。

「一人は同期の女性です。僕が一番できないことが、女性の気持ちがわかることだと思っていたので、女性役員は絶対必要でした。もう一人は、メディア事業をやっていたときに、一緒に横でマネージャーをしていた仲間。僕に『もっと勉強したほうがいいよ』と言ってくれていた人でした」

クラウドファンディング事業をやると決めたときから、エクセルで必要な人材リストを作っていた。帰国前には電話してアポイントも取っておいた。

「藤田が自分の抜擢を決定してくれた理由はわからないです。意外にそんなに深い理由ではなかったのではないかな（笑）。社長をやりたいとずっと言っていたのは知っていたはずですから、一度チャンスを与えようと思ってくれたのかもしれません」

もちろん何の実績も出しておらず、能力も育っていなければ、そうはいかないだろう。だが、中山はベトナムで実績を上げていたのだ。

「会社のトップが名前を覚えているくらいの人材だったらいいんじゃないか、というくらいだったんじゃないかと」

子会社社長としての生みの苦しみ

2013年、当初の社名だった株式会社サイバーエージェント・クラウドファンディング設立。社長に就任した。最初の出資額は8000万円。

「インターネット事業としては、そんなに小さくないスタートだったと思います。サイバーエージェントにしてはベテラン社員、30歳を超えた社員が始めていくということで、少し多めにいただけたのかなと思いました」

だが、待っていたのは想像を超えた生みの苦しみだった。当時はまだ、クラウドファンディング市場が成り立つかどうかもわかっていない状況。流行りワードの1つだったものの、これがどうなっていくかもわからなかった。

「だから、とりあえず運動量をいっぱい保とうという感じで。いろんな人に会ったり、いろんな会社にヒアリングに行ったり、というところで解像度を上げていったんですが、瞬く間にお金はなくなっていくわけで……」

当初は、お金が必要な人がお金を集める、という事業の切り口を考えていた。なんとなく、よく聞くクラウドファンディング。多くの人の意見を鵜呑みにしてしまった。

「みんな、いろいろなことを言うんですよ。人の話にすごく影響され過ぎて事業を作ろうとしたというのは反省点でした。自分の中での解像度が、マーケットに対してとても低い状態で始めたことが、苦労した一番の要因かな、と思います」

資金が危うくなり、投資委員会との交渉が始まる。撤退基準に抵触するかという厳しい状況にあった。だが、事業としては時間がかかるという認識を会社が持ってくれていたのかもしれない、と中山は言う。

「これもサイバーエージェントのいいところで、上手に騙されてくれたというか（笑）。伸びてます、ともちろん僕は言いますが、大ベテランが見たら一発でわかるはずなんです。でも、僕は伸びてるKPIだけ見せるしかない（笑）。これは感謝しています」

中山の中にあったのは、勢いとまったくあきらめていない姿勢だった。

「目の輝きが切れていなかったことがよかったのかもしれません。でも、苦しかった。精神状態はかなり追い詰められていました。赤字がずっと続いて結局、3回資金調達をせざるを得なくなるんです。そのたびに応援してくれていて。でも、ウソをついていたわけではないんです。何とかして会社を存続せねば、と思っていたんです」

1年半に及んだ苦境。投資委員会に出してもらったお金の総額はどんどん積み上がった。そして、ブレイクスルーが見える。ある時計メーカーがMakuakeで新商品のプロジェクトを実施した際、こう言われたのだ。

『中山さん、ここは資金調達のサイトじゃないよ』

クラウドファンディングといえば、善意の気持ちでお金が集まり、それがすべてを解決する。中山の頭の中は、このステレオタイプな発想に占領されていた。だから、何を言われているのか、よくわからなかった。しかし、よくよく聞いて、中山は衝撃を受ける。

『メーカーにとって、作る前にお客さんが欲しいと言って買ってくれている状態って、今まであるようでなかったよ。それがメーカーにとって新商品を作っていく上で、どれだけ価値のあることか。作る前に、顧客がいることを証明できていれば、銀行も融資してくれるんだよ』

目からウロコだった。頭の中で一気にパラダイムシフトが起きて、その目線で事業を考え直してみた。

「資金調達のサイトではなく、顧客獲得のマーケティングに使えるんだとしたら……。その形でメーカーに説明をし直したら、大手メーカーさんも軒並み使ってくださるようになったんです。どういうことだろうっていうくらい、一気に潮目が変わっていきました」

中山の中でマーケットの解像度が一気に上がった。急成長がここから始まる。そして、後に社名を株式会社マクアケと変えた。

藤田が「黒字化したらすごいよね、この領域で」と言われていた事業を、中山は3年で黒字化させた。理由は、とにかく優秀な人材に恵まれたこと、と明言する。

「マクアケって、この規模に来る前に、数億円の前半しか使っていないんですよ。もし普通にスタートアップでやっていたら、この10倍はかかったと思います。何かといえば、人です。この人がどこから来たのかというと、約半数はサイバーエージェントから来たんです」

2万人を超えるエントリー母数を突破してくるような人材が毎年入ってきて、普通の会社の何倍ものスピードで経験を積む。

「そういう人間だらけの集団ですから、優秀ですよ。基礎スキルがある上に、思いやりもある。しかもチームワーク力も高い。ただの一人が一人じゃないんですよ、普通だと1＋1が2にしかならないですが、1＋1が10になる」

今は60人を超える規模になった。オフィスを構え、2017年からは独自の採用も始めた。人に対する思い入れは何よりも強い。

「独自のグレード制度を作りました。マネージャーになったり、ポジションがついたりしなくても、プレーヤーとして思い切り評価できるような仕組みを作りたかった」

ベトナムで見た、存在感を薄めた日本。いかに日本を世界に出していくか。そして、いかに自分たちが世界に出ていくか。中山の中には、世界地図が浮かんでいる。

若くして活躍できる会社

役員とのランチの場でポロリとこぼした一言から、天職ともいえる事業で子会社社長になった社員もいる。株式会社CA Tech Kids社長の上野朝大《ともひろ》（32）だ。小学生のためのプログラミングスクール「Tech Kids School」、オンラインプログラミング教材「QUREO《キュレオ》」を展開している。

上野は新経済連盟の「教育改革プロジェクト　プログラミング教育推進分科会」の責任者、文部科学省の「小学校段階における論理的思考力や創造性、問題解決能力の育成とプログラミング教育に関する有識者会議」委員なども務め、プログラミング教育の普及、推進に尽力している。

自身、プログラミングに詳しかったわけではない。プログラミングを世に広める仕事をしたかったわけでもない。事業は役員会議で決議されたものだ。だが、上野のうかがい知らないところで、事業トップとして白羽の矢が立つことになったのである。

2010年、立命館大学国際関係学部を卒業して入社している。インタビューの冒頭で、率直な話を聞かせてくれた。

「実は第一志望ではありませんでした。総合商社に入りたくて就活をしていたんです。

それが全部、落ちてしまって、涙をのんでサイバーエージェントに来たというのが本当のところです」

もともとは外交官志望だった。国連職員なども考えていた。だが、民間のほうがダイナミックなことができるのでは、と商社を目指した。

「共通していたのは、グローバルな仕事で社会の役に立つことができること。世界を股にかけた大きな仕事がしてみたかった。一方で就活では、若くして活躍できる、大きく成長できるような会社も併行して見ていて、見つけたのがサイバーエージェントでした」

インターンシップに参加。若い人の多さ、居心地の良さ、いい意味で会社っぽくないというところが印象に残った。だが、内定はもらったものの、商社に入るつもりだったので行くことはないと思っていた。ところが算段が狂い、苦渋の選択となった。

入社後、インターネット広告の営業に配属。ここでは思った通りの側面とそうでなかった側面があったという。

「そうでなかった側面から先にお話しすると、思った以上に面白くて、やりがいのある仕事でした。もともとインターネットにはそこまで興味はなくて、広告にも興味はなく、どちらかというと環境で選んだ会社でしたが、想像以上に面白かった」

仕事をどんどん任せてもらい、結果が出たら褒めてもらえた。夢中になって、がむしゃらになって働いた。

「思わぬミッションがもらえて、どんどんポジションが与えられて。それに応えようと必死で食い下がってきたつもりです」

入社したのが、フェイスブックが日本に上陸した年だった。ネット広告に影響があるとは予想できたが、フェイスブックが何かがよくわからない。

「フェイスブックをマーケティングに活用する方法を、サイバーエージェントとしていろいろ研究してみよう、ということになったんですが、責任者としてやってみて、と任されて」

期待に応えようと頑張った。いきなりマーケティング事業部長という肩書きがついた。その後、今度はもっと大きな粒度で、サイバーエージェント全体としてスマートフォンサービスにも力を入れるという方針が打ち出され、広告事業部の中から活きのいい若手がピックアップされ、そこに放り込まれることになる。

役員とのランチ1カ月後の打診

Ａｍｅｂａではない、新しいメディアを作ろうと新規事業開発室が立ち上がったのだ。

「10人ほどが選ばれて、社長の藤田と一緒に1泊2日の合宿が行われました。どんなサービスを作ろうか、ということを考えて、担当が割り振られていって」

10年目以内で、名前に覚えのある社員が集められていた。直属の上司もいた。参加していた中で上野は最年少だった。

上野は、クライアントの広告を配信するメディアのアプリプロデューサーになる。「仕事の内容が大きく変わり、戸惑いはあったものの、任されたからには、という気持ちが強くて、そこでも必死でくらいついていきました」

そうしてアプリプロデューサーとして2年間を過ごす一方、徐々にもやもやとした気持ちを抱えるようになる。

「新しい仕事に必死な一方で、どこかしら物足りなさといいますか、やっぱり大きな船でものを動かしたいとか思ったり。社会のためになるようなことを生業にしていきたい、という気持ちが湧いていました」

それでも仕事の結果は出していた。そういう人に上手にチャンスを与える会社だったからだ。

そんな思いを抱えていた2013年の春、不意に人事担当役員の曽山から呼ばれた。

『小学生向けのプログラミング教育の会社をやるので、やらない？』

青天の霹靂だった。役員会で事業が決議され、社長が必要になった。上野は、まだ入社4年目だった。

「藤田と一緒にやっていた新しいメディアの立ち上げのとき、会社になるかは別にして、新規事業は山のように案を出していたこともありました。でも、新規事業を考えて『オレがやります』というタイプではなかったんです」

ただ目の前のことを必死でやっていた。すると、次々に新しいミッションをもらった。サイバーエージェントでは、こんなふうに子会社社長になる社員もいるのだ。

それにしても、突然の役員からの呼び出しと提案。振り返ってみると、思い当たるフシが1つだけあった。話がやってくる1カ月ほど前、曽山と同期の何人かでランチに行く機会をもらっていたのだ。

「その場で曽山から、『君たちはどうしたいの？』というような、ざっくばらんな話がありました。私はこのとき、心の底にずっと潜んでいた課題感を正直に話してみることにしたんです。やっぱり社会に何か貢献できるようなことを本当はいつかやってみたいんです、と。そういうふんわりとした気持ちと、あとは子会社もいつかは挑戦したいという話もしたかもしれません」

それがまさか現実のものになるとは夢にも思わなかった。ところが、わずか1カ月で現実のものになってしまったのだ。

「その頃にはもう、総合商社への未練はなくなっていました。猛烈な日々を若手社員として送っていましたし、早い段階でこの会社に来てすごく良かったと思っていました。仕事の内容がなんであれ、やりがいがとてもあった。任せてもらえて成果を出せば、ちゃんと称賛がもらえ、褒美もあって、また次のやりがいのあるミッションがもらえる。他の会社を知らないので比較はできないんですが、こういう会社はなかなかないんだろうな、と若いながらもよくわかっていましたので」

子会社設立の経緯は、こういうことだったたったらしい。役員合宿で経営について話し合っている中で、「プログラミングが大事だ」という雑談になった。

「当時、IT人材の争奪合戦がニュースになっていました。新卒でも年収1000万円出す会社がある、とニュースになるくらい。とにかくプログラミングができる人は貴重だ、という話の中から、将来のIT人材を育成するスクール、という発想が出て来たようでした」

折しも会社が東証一部上場に鞍替えする直前。社会的な責任をもっと負っていかねば、という思いもあった。

「もう1つは、サイバーエージェントの投資先で、プログラミングを中高生に教えていたライフイズテック株式会社の存在です。だったら、ライフイズテックさんと一緒に合弁会社を作って、小学生以下を対象にやってみたらどうか、と。それで、じゃあ人選はどうするか、となったときに、曽山が『教育？　ちょうどいいのがいた！』とおそらくなったのだと思います」

同期とのランチで「どうしたい？」と聞かれて答えた言葉を、役員の曽山はしっかり覚えていたのだ。上役がよく部下のことを見ているということには、実は早くから気づいていたと上野は言う。

「サイバーエージェント全体で、人材が一番の資源、という考えが浸透しているんです。だから、よく見ているな、とは思っていました」

大きくドンと伸びることは難しかった

教育に強い関心があったわけではない。だが、サイバーエージェントが教育をやる、ということには驚いた。

「教育とは無縁そうな会社でしたので。サイバーエージェントで教育というのは、極めてニッチなわけです。事業性はあるのか、もしかすると、見込みがないものを任されたのではないか、とも思ったり（笑）。だから、『やります！』とは言ったものの、ガッツポーズという感じではありませんでした」

社長就任が決まると、優秀なバックオフィススタッフによって会社設立のためのプロセスが次々に進められた。

「起業のための試行錯誤などは必要なく、仕組みとして動いていきましたね。社名を決めたり、立ち上げに向けて事業の構想も練り始めていきました」

設立までわずか半月。投資先との合弁会社ができた。社員は、上野とエンジニアの2名だけ。中高生向けの教室のノウハウがすでにある。それを小学生向けにアレンジしていくところから始まった。

「ですから、サイバーエージェントが教育に縁もゆかりもない会社だったにもかかわらず、滑り出しはかなり好調だったんです。これは、ライフイズテックさんあってのことではありましたが、私の心配は杞憂だったと思いました。ニーズはかなりあったんです」

こんなのを待っていた、とクチコミだけで広がった。折しも会社設立の2013年、国がプログラミング教育の必修化の検討を開始するという話も出てきた。イギリスではその翌年の2014年からの必修が決まっていた。追い風を感じた。社会の流れに沿っていた。何より、上野は手応えを感じていた。

「実際に子どもと接する中で、子どもにプログラミングを教えることが極めて意義深いことだと実感したんです。大きくは儲からなかったとしても、やる価値のある事業だと強く思いました。社会に貢献できる事業だ、と確信できたんです」

当時は競合もなかった。生徒数は3年ほどで10倍規模になる。だが、ここからが踏ん張りどころだった。いわゆる労働集約的なビジネスモデル。大きくドンと伸びることは難しかった。

「スタートアップJJJが始まって以来の横ばい具合ではないかと思います。当初はCAJJプログラムのみしかなく、営業利益だけの評価だったんですが、スタートアップJJJができて、利益面以外でも認知度などで時価総額という総合評価がもらえるようになりました。それでも、ゆっくりとじりじり上がってきた感じです」

教育事業だけにCSR的な側面もあるが、だから儲けなくていいと開き直らせてくれない装置として、CAJJプログラムやスタートアップJJJは機能していると感じている。

「教育は時間がかかる、教育は儲からないと決めつけるのは良くないとは思うんですが、事実としてゲーム事業のようにはいかないわけですね。ただ、CSRだから儲けなくてもいいと言われても、それはそれで悔しい。赤字が続けば潰れてしまうという危機感も常にあります。ですから、生き長らえることを先決にしながらも、新しいチャレンジをしていかないといけないと思っています」

その1つが、CA Tech Kidsの授業をeラーニング化し、その教材を全国の塾に販売する、という新しいビジネスだった。授業のノウハウをサイバーエージェントのノウハウである開発力でシステムに落とし込み、プログラミング教室をやりたい塾に提供することを考えたのだ。

「ただ、頑張って愚直に営業したんですが、まったく実りませんでした。プロダクトはあっても、なかなか受け入れてもらえない」

そこで上野は決断する。販路を持っている会社と組むことにしたのである。

東証一部上場企業と合弁会社を作る

2019年4月、新会社として株式会社キュレオを立ち上げた。しかも、合弁相手は東証一部上場企業で、学習塾や教育コンテンツを提供する総合教育会社の株式会社スプリックスである。塾経営者のカンファレンスでの上野のプレゼンに興味を持ってもらったことで、話がトントン拍子に進んだ。だが、相手も上場企業である。上野を簡単に信用したわけではない。

「最初に、『上野さんは、何を目指しているんですか？』と質問されたことを覚えています。私が『このサービスでグローバルで勝ちにいきたいです』と申し上げたところ、それが気に入ってもらえたようでした。『いい夢を持っていますね』と言っていただきました」

相手も、ＩＴと教育をグローバルで、をテーマに掲げる会社だった。目指しているものが同じだったのだ。それにしても東証一部上場企業とのジョイントベンチャーである。

「会社の経営を見よう見まねで6年やらせてもらって、いろんな学びを得ていました。でも、東証一部上場企業の社長さんと一緒に会社を作るかどうかを議論できるようになったんだな、と思いました。5年前は、絶対にそんなことはできなかったと思います。自分にとってはひとつのチャレンジでした」

会社が立ち上がり、販路を持つ相手の力量も実感した。1年間で100教室しか展開できなかったプロダクトが、わずか半年で500教室まで増えた。

「6年間、会社を経営してきて、一番の意思決定になったと思います。ようやく経営者らしい仕事ができました」

サイバーエージェントの子会社としてやってきて、ありがたかったことがあるという。

「一番ありがたいのは、役員が経営を完全に任せてくれたことでした。助言はあっても干渉はしない、という感じなんです。最後は自分たちで決めなさい、一定のルールはあるけどあとは自分たちで考えなさい、と任せてくれる」

子会社であっても、自分たちですべてやらなければいけない状況を見守ってくれているのだ。

「ああしろ、こうしろ、と言われていたら、社長である意味もないといいますか。おかげで、成長機会は奪われなかった」

今、社員は20人。そして、講師を中心に大学生のアルバイトが300人いる。

「私はもともと、マネジメントが苦手でした。自分でやってしまいたいタイプなんです。人をやる気にさせて、頑張らせる、というのも向いていないと思っていました。でも、最初の担当役員だった曽山はこの領域が専門でしたから、たくさんのことを教えてもらいました」

経営者になって、実感したことがある。ビジネスパーソンとしては、スキルが全体的にまんべんなくあるよりも、何かひとつでも尖ったものがあるほうがいい、とはよく言われることである。しかし、小さな会社の経営者は必ずしもそうではないと感じたのだ。

「小さな会社の社長ほどバランスが必要な職業はないな、と思ったんです。人がいないので、すべて自分でやれないといけないわけですから。プレーヤーでもあり、マネジメントもして。その意味では、良くも悪くも尖ったところがなくて、全体のバランスがいいという私の性分と、小さい会社の経営者というのは、とてもマッチしていたと思います」

何かひとつを尖らせるのではなく、全体を成長させていく。一方で、そういう育ち方ができるのは、きっと社長という仕事しかない、とも思った。

そして何より、自らの事業で世の中に貢献しているという実感がある。

「プログラミングを学ぶことは今、世界的な潮流ですよね。それを広げていけるという意義深さを実感しています。社会を変えるような、人類の進歩につながる事業だと自分自身がすごく納得感を持っている。インターネット広告やメディアにいたときも、やりがいはとてもありました。でも、この事業を始めてからは、やりがいを超えて、生きがいみたいなものにつながっていると感じています」

最後に、サイバーエージェントでは、なぜ人が育つのか、聞いてみた。

「習うより慣れろ、ということかと思います。つべこべ言わずにやらせてみる。でも、やらせっぱなしにはしない。一方で、過干渉でもないし、放置でもない。側面的なサポートの仕組みはいろいろあるけれど、最後は自分たちでやらせる。失敗しても、資本金くらいで一人、すごい経験ができる人材を輩出できるなら、安いものだと考えているのだと思います」

それは効率的な人材輩出の方法ではないかもしれない。

「きれいに輩出されているかというと、そうではない。バタバタしているし、泥臭くやっている。でも、それが結果的に最も効率が良かったりするとも思っています」

制度も新しいものが生まれ、変わったり、なくなるものがある。走りながら考えているから、いつまで経っても整わない。止まれば整列できるが、あえてしない。だが、それがいいところだと感じる。できあがった会社ではない良さでもある。

「負け惜しみに聞こえるかもしれないですが、商社ではなくサイバーエージェントに入社して本当によかったと心から思っています。こんなに若くから経営を任されることはなかったと思いますし、大企業と一緒に会社を作ることはなかった。事業に対する当事者意識も、こんなに強くは持てなかったと思います」

子会社社長就任から6年、そして合弁会社設立で第2のスタートが切られた。この先の成長に今、とてもワクワクしている。

第9章　まとめ

- 経営幹部が本気で人事を考えている
- 役員会の半分は人事の話
- 幹部が社員と食事をして直接、情報収集している
- 役員が1年間自ら若手有望株を育成するプログラム「CA24」
- 若手が横串で集まる組織「YMCA」
- そこから18人を選抜した育成プログラム「YM18」
- 象徴的な抜擢で周囲に刺激を与える
- 意欲ある人間には早めに経験を積ませる
- ビジョンを達成するために本気で機会を与える
- 上司が部下の「意思表明」を後押しする
- 優秀な人材を子会社で活用できる
- ランチの場での言葉にも幹部は耳を傾ける
- 子会社は過干渉でもないし放置でもない
- 泥臭く育てるのが実は最も効率がいい

第10章

褒めて活性化する文化

——「らしさ」を語り継いで企業文化を醸成していく

組織を活性化させるための専任部署

サイバーエージェントの人材育成について、考え方や仕組み、制度、さらには当事者の声を書き連ねてきた。第1章に、人事は「採用、育成、活性化、適材適所、企業文化」の5つのテーマで考えられていると書いたが、最終章では、このうち「活性化」「企業文化」について紹介しておきたい。

実はこの領域でも専任担当部門がある。サイバーエージェントの全社推進部だ。そして、活性化担当責任者、企業文化担当責任者という肩書きも持つのが、この部を率いる部長の野島義隆（46）である。何度も登場してきた全社会議「あした会議」の推進役でもある。

「全社を横断した施策を動かすのが私たちの部署の仕事です。例えば、会社のブランドロゴが変わった。そうすると、会社にたくさん残っている古いロゴを一掃する、なんてこともやります」

サイバーエージェントは大きく、広告部門、ゲーム部門、メディア部門に分かれているが、組織がどんどん大きくなり、全社で動くべきものが円滑に進まなくなっていった時期があるという。

「例えば、あした会議で決議が行われても、簡単には動かない。その案に関してはどこの部門が担当する、など割り振りをしても、3つの部門で文化も異なるので、誰かがやっても動かしづらい。自分の部門は動かせるけど、他の部門は浸透させる方法が違ったりする。そこで、あした会議の決議を動かす専属チームを作ろうというところから、そもそも始まっているんです」

2015年のことだ。そしてもう1つ、全社推進部のミッションになっているのが、「活性化」と「企業文化」づくりである。そのための仕掛けや制度づくりに取り組んでいる。活性化について、3つのキーワードを挙げてもらった。

まずは「褒めの文化を創る」だ。

「私もそうですが、やっぱり人間は褒められるとうれしいわけですね。例えば100人規模の組織があって、大きな成果を上げ、全員の模範となるトップ3人を強烈に褒める。そうすると、それを見た他の社員が共感し、真似をしたがる。自分もあんなふうになりたい、とそこに向けて頑張っていく」

野島は2003年に中途入社している。当時は、いろんな会社からいろんな社員が集まってきたこともあって、「叱る文化」が醸成されていたという。

「叱る文化って、そっちのほうに行っちゃダメですよ、ということしか言わない。そうすると、同じベクトルに向きにくいんです。逆に褒める文化だと褒めれば褒めるほど、それが正しい方向なんだとみんなが理解してくれるので、どんどんどんどん同じ方向に向かってシンクロしていくんです」

褒められた人を目指すことで、組織は同じ方向に向かう。これが活性化につながる。

「もっと言うと、褒めることによって、会社の雰囲気がよくなるんです。組織が明るくなります。私が入った頃とはずいぶん雰囲気は変わりましたね（笑）」

この褒めの文化の実践の場になっているのが、1つは「トピックスメール」。営業が大型受注などをすると、同僚や先輩、上司が「こんな受注をした、おめでとうございます」という内容のHTMLメールを写真付きで社内に送るのである。

かつては全社に送られていたが、今は規模が大きくなり、部署ごとになっているそうだが、変わらず続けられている。トピックスメールの対象は営業だけではない。「人事部でこんなシステム構築をしたことで、作業時間がこんなに削減された」など、バックオフィスの成果も評される。

そして、褒めの文化の実践の場、もう1つが「表彰」だ。各部署で月ごとに振り返りとトピックスや方針などの共有の場として「締め会」が行われているが、この場で表彰式が行われている。頑張った社員を表彰することそのものが、すでに文化になっているのだ。

締め会の表彰では、部署によっては社員からの推薦制度もある。

「プロ野球のオールスターのように、『あの人、活躍してた。この賞に入れてください』と声を上げられるんです。それを元に表彰者が決定します」

同僚や上司、部下が、頑張っている社員を表彰に推薦できるというのだ。なるほど、こういうところからも、ポテンシャルのある社員、人間力のある社員が見出されていくのである。

活性化の2つめのキーワードが「縦横斜めの関係性」だ。横の同期や同僚、縦の先輩や上司、部下や後輩だけでなく、隣の部門の先輩や後輩、上司や部下と積極的につながってもらおうというものだ。

そうすることによって、自分たちの部署だけに閉じこもるのではなく、会社全体がチームだという認識を醸成できる「チーム・サイバーエージェント」の精神だ。あくまで全体最適で考える、という意識が浸透するのである。

「新卒採用プロジェクトは部署を横断した選抜メンバーから組成されるので、縦横斜めの関係が築きやすい。また、YMCAのような20代活性化組織を同年代で横軸で動かしたりする。その運営にも関わっています」

縦横斜めの関係性づくりで興味深い仕組みに、「飲み会代の補助」がある。交流のために飲み会に参加すると、月一人5000円の補助が出るのである。単なる社内飲み会でも構わない。だが、５０００円の社員人数分、しかも月額と考えると、とてつもない額になる。

「そのくらいやっても、みんなが仲良くなって活性化して、熱量が10％でも上がれば、というのがサイバーエージェントなんです」

最近では若い人が飲み会に行かないなどという声を聞くが、そんなことはまったくないという。営業の場合、毎月、月末に締め飲み会が行われている。

「飲みながらのコミュニケーションは、やっぱり大事なんですよ。人となりもわかる。性格もわかる。そういうことがわかれば、業務上でも活きるし、結束力も高まる。同じ釜のメシを食べた感は、やっぱり大事なんです。ただ、〝とりあえずビール〟はなくなりましたけど（笑）。みんな注文はバラバラ、というのが今風ですね（笑）」

縦横斜めの関係性づくりでは、社内に横断組織がいくつも作られている。「ＹＭＣＡ」以外にも「部活」「ＣＡｒａｍｅｌ《カラメル》」「技術者横断組織」などがある。

部活はテニス、ボルダリングなど、さまざまなものがあるが、社外でも知られるのが、藤田も加わっている麻雀部だ。リーグが作られており、入れ替え戦も行われている。部活には、多くの役員も参加している。

ＣＡｒａｍｅｌは、女性向けに作られた横断プログラム。20代、30代は女性としてのライフイベントによって自分のキャリアがどうなるか、不安やモヤモヤがつきものだ。そこで、先輩の話を聞くイベントを開いたり、相談ができるようなコミュニティを作るといった取り組みをしている。「あした会議」で女性社員が発案したものだ。

また、サイバーエージェントでは、今や社員の4割近くを技術者が占めているのだが、広告分野のエンジニア、サービス開発のエンジニアなど活用する技術が違うこともあり、横のつながりがほぼなかった。

そこで、技術者の横断組織を作り、1日がかりの技術イベント「CA BASE CAMP」を実施して、エンジニアやクリエイターが発表者として登壇したり、いろんな技術に触れる場を作っている。

技術者は成長意欲が高いだけに、物足りない環境にいては転職をしてしまう。サイバーエージェントには技術者が活躍できる場が幅広くあり、それを知ってもらう機会になっているという。

「就職」ではなく、「就社」したくなる会社を目指す

活性化のキーワード、3つめは「プロレポ」だ。これは、プロジェクト・レポートの略。

端的に言えば、部署対抗の社内報のようなものだ。

サイバーエージェントでは半期ごとに、各部署で目標設定が行われる。次の半期の部署の目標について、ポスターや冊子にまとめるのが「プロレポ」だ。

「成果を上げている組織は、やっぱりみんながイキイキ働いている。目標がはっきりしていて、それにみんながモチベートされるんです。サイバーエージェントは若いマネージャーも多いですから、そうしたフレームワークを作ったほうがマネジメントしやすくなるのではないかということで、半期目標のマニフェストのようなものを部署で作ることにしたんです」

例えば、数字だけの目標ではあまりに味気ない。それがそのまま個人の目標に落とし込まれたりしたら、果たしてモチベーションは高まるか。そうではなく、方針やテーマをしっかり掲げて盛り上げていこうというマネジメントを後押しするものだ。

「目標に対して意思統一をするために合宿をするんですが、方針やテーマがあるほうが、やっぱり気持ちは乗せやすくなるんです」

この「プロレポ」はポスターなどに対するコンテストも行われていて、応募をすれば賞を競うことができる。ポスターをいくつか見せてもらったが、なかなか本格的なもの。キャッチコピーを自分たちで考えたり、社内のデザイナーに制作依頼をしたりするという。

「ですから、制作の時期になると、ポスターのモチーフの衣装を着た人たちが社内の隅っこで撮影していたりするんです（笑）。優勝すれば賞金は１００万円。部署によっては、それを活性化の費用にしています。旅行にみんなで行く部署もあれば、クリスマスプレゼントが自分に届くようにしたり、みんなでパーティーをしたり。いろんな使い方がありますね」

そして「企業文化」の醸成については、社内への発信として独自の取り組みを進めている。社内ＬＡＮ限定で見られる社内報「ＣｙＢＡＲ《サイバー》」を発行しているほか、技術者向けに特化した「Ｔｅｃｈ　ＣｙＢＡＲ」も発行する。技術者には、技術に特化した社内報を作り、技術者出身の社員が実際に社内取材をして書いた記事を高い頻度で更新している。

サイバーエージェントらしさを感じさせるのが、「ヒストリエ」だ。これは、過去の成功したプロジェクトや、逆に失敗して撤退に至った子会社のエピソード、さらには東証一部上場の際のストーリーなど、一つ一つのプロジェクトをテーマにし、１冊にまとめていったプロジェクト史である。

企業文化を醸成していくために、うまくいったことだけではなく、失敗したこと、うまくいかなかったことを包み隠さず伝えていくことが意識されている。過去の出来事が忘れられ、知らない人が多くなっていく中で、同じ失敗が繰り返されてしまいかねない。

過去の資産をしっかり活かし、サイバーエージェントらしさを伝えていくためにも、それをきちんと語り継ぎ、残していこうということでスタートした。

プロのライターに依頼をし、そのときのプロジェクトに携わった複数名に話を聞き、書いてもらっているという。この手のストーリーは成功談に寄ってしまいがちだが、あえて厳しい話、苦しかった話をリアルに包み隠さず残せるものにしている。

社内LAN限定で発信したあと、ある程度の数がたまってくると冊子にして、希望者に配付しているという。

「私たちはあくまでサイバーエージェントという会社を大事に考えていきたいと思っているんです。そして、会社は常に変化していく」

近年では、「就社」ではなく「就職」をしようという意識も高まっているが、あえてサイバーエージェントは逆を唱える。「就職」ではなく「就社」意識が大事なのだ。

「それが、変化対応力を作るからです。サイバーエージェントがこの規模になっても、新卒採用を各部署ではなく、全社組織でやっているのもそのためです。部署ではなく、サイバーエージェントに入ってきてください、という採り方をしている」

それは中途採用でも同じだという。優秀さ以上に、一緒に働きたい人材、自分たちの考えを受け入れてくれる人材、自分たちの考えと合致している人材を採用するのだ。そして、

「21世紀を代表する企業を創る」というビジョンのもと、「チーム・サイバーエージェント」で立ち向かう。

「どの部署がたくさん稼いでいるから偉いとか、ないんです。そういう概念も作らない。すべてはチームのために、です。そのためにも、率直に言いたいことは言う。仲良くなることが、強いチームを作るからです」

そして最後に、やはり企業文化に大きな影響を与えているのは、役員を含めたトップだと野島は強調していた。親の姿を見て、子は育つからだ。

「その点で、役員同士が足を引っ張り合ったりする姿を、社員は見たことがありません。それどころか、稼ぎ頭の事業のトップが、もっと稼いで会社の未来を創る先行投資事業にもっと投資できるようにしたい、と話したりするんです」

経営トップから社員まで、新卒採用から中途採用まで、一気通貫で同じ価値を共有する。だから、できることがある。

思いと仕組みががっちり組み合わされ、しかもそれが常に細やかにチューニングされ、サイバーエージェントは人を育てている。だからこそ、若い人材が大きく成長するのだ。

これからの日本の企業は、サイバーエージェントから学べることが、たくさんある。

第10章　まとめ

- 活性化・企業文化の推進担当部門がある
- 全社で動くべきものを最速で動かす
- 褒めの文化で、正しい方向へ社員が動く
- 営業以外の頑張りも広報する「トピックスメール」
- 金銭報酬よりも感情報酬の「表彰」
- 縦横斜めの関係性で「チーム」意識を作る
- 飲み会代の補助金が月5000円
- 「部活」や女性、技術者などの社内横断組織
- 部署対抗の社内報コンテスト「プロレポ」
- 過去のプロジェクト史「ヒストリエ」
- 「就職」でなく、「就社」したくなる環境づくり

おわりに

言葉に徹底的にこだわっている会社

仕事柄、ビジネスに従事する人を中心に、年間で100人以上、取材する。フリーランスになって25年。その数は、すでに3000人を軽く超えている。たくさんの有名な人たち、優秀な人たちにもお会いしてきた。

本書の制作にあたり、サイバーエージェントの20代、30代の若いビジネスパーソンにたくさん話を聞くことができたわけだが、改めて強く感じたのは、彼らの優秀さだった。毎回、取材が終わるたびに、ワクワクさせられた。若くして、こんなにピカピカの人材が日本にもちゃんとたくさんいるんだなぁ、とうれしくなった。

質問に対して鋭い答えがビシビシ返ってくる、というだけの優秀さではない。落ち着き、包容力、責任感、利他の意識、視点の高さ、バランス感覚、社会的責任……。まさに総合力ともいうべきものだったように思う。

振り返ってみて、それが象徴的に現れていると強烈に感じたのが、言葉だった。どの人物も、魅力的な言葉を見事に使いこなしていたのだ。だから、原稿作成にはまったく困らなかった。むしろ、削らなければいけない言葉がたくさんあって、もったいないほどだった。

どうして、こうなったか。ここにも、サイバーエージェントの成長の秘密があると取材を通じて気づいた。各種人事制度の名称のユニークさなども含めて、言葉に徹底的にこだわっているのではないかということだ。それは、言葉の持つ力、言葉の持つインパクトを経営陣がよくわかっているからではないかと思った。

それこそ、大きな会社がついつい使ってしまいそうな、どこにでもあるようなモノ言いや官僚的な言葉づかいなど、まるでないのである。

最も象徴的なのは、行動指針「ミッションステートメント」だ。このくらい具体的でインパクトとパンチがあって、見事な表現を駆使した会社のミッションステートメントを私は知らない。

・インターネットという成長産業から軸足はぶらさない。
・ただし連動する分野にはどんどん参入していく。
・オールウェイズＦＲＥＳＨ！

・能力の高さより一緒に働きたい人を集める。
・採用には全力をつくす。
・若手の台頭を喜ぶ組織で、年功序列は禁止。
・スケールデメリットは徹底排除。
・迷ったら率直に言う。
・有能な社員が長期にわたって働き続けられる環境を実現。
・法令遵守を徹底したモラルの高い会社に。
・ライブドア事件を忘れるな。
・挑戦した敗者にはセカンドチャンスを。
・クリエイティブで勝負する。
・「チーム・サイバーエージェント」の意識を忘れない。
・世界に通用するインターネットサービスを開発し、グローバル企業になる。

自分たちはどうしたいのか、社員はどうするべきなのか、ここにすべてが詰まっている。

本当に欲しい人材を採用し、本気で育成したいなら、このくらい大胆なミッションステートメントを多くの会社が作るべきではないか。

言葉は立ち居を表す。何も込められていない言葉で、人は動かない。いかに強い言葉を発信していくか。ここにも、サイバーエージェントから学べることがあると感じた。

最後になったが、本書の制作にあたっては、日本能率協会マネジメントセンター出版事業本部編集長の根本浩美氏、出版プロデューサーの神原博之氏にお世話になった。

また、取材のアテンドをしてくださった、サイバーエージェント全社広報室シニアマネージャー、上村嗣美氏に改めて感謝申し上げたい。

本書が少しでも多くの企業人のためにお役に立てますことを。

2020年1月　上阪 徹

サイバーエージェント流事業と人材が成長する仕組み（本書で紹介の主なもの）

新規事業や子会社が成長する仕組み

ＣＡＪＪプログラム

- 収益化した事業と子会社を経営管理するためのマネジメントシステム
- 四半期あたり営業利益により、10億円以上のＪ１、１億〜10億円のＪ２、１億円までのＪ３の３ステージにランクづけされる
- １年半連続赤字、３Ｑ連続粗利益減少といった基準に抵触した場合、事業撤退もしくは事業責任者の交代を検討される
- ＣＡＪＪはサイバーエージェント（ＣＡ）の事業（Ｊ）と人材（Ｊ）からの命名

スタートアップＪＪＪ

- 黒字化前のスタートアップ事業に光を当て、成長させるためのマネジメントシステム
- 原則、設立２年以内の事業が対象
- ＣＡＪＪが営業利益でランクづけされるのに対し、スタートアップＪＪＪは時価総額で評価される
- 時価総額30億〜50億円未満が「上場前夜」、10億〜30億円未満が「シリーズＢ」、５億〜10億円未満が「シリーズＡ」、１億〜５億円未満が「アーリー」、算定不能から１億円未満が「シード」そして「リリース前」

- 市場シェアや知名度などを勘案した時価総額で評価することで、事業責任者が適切な投資や戦略をとれるようにする
- 4Q連続時価総額「算定不能〜1億円」、3Q連続粗利益減少といった基準に抵触すると、事業撤退が検討される
- 時価総額50億円を超えるとCAJJプログラムに昇格

新規事業プランコンテスト「スタートアップチャレンジ」

- 簡単なフォーマットで提案が可能
- 書類審査、事業ブラッシュアップを経て、藤田社長が審査を務める決勝プレゼンで提案
- 応募者の年次を問わず、内定者も提案が可能

あした会議

- サイバーエージェントの未来（あした）を作る新規事業や中長期の課題解決案を提案する合宿会議
- 藤田社長が審査員となり、それ以外の役員は各々リーダーとして社員4人とチームを組み、議案を提案する
- チームメンバーはリーダー役の役員の部下ではなく、別の管轄外の部門から選定される

DRAFT

- インターンシップ参加者の中から優秀な成績を収めた学生を20〜30名選抜し、4〜5人ずつのチームに分かれてビジネスアイディアを競う仕組み
- 各チームが10日間でビジネスアイディアを出す。そのうち最後の3日間は合宿をし、最終日に藤田

社長らに提案を行う

採用・人材育成のための仕組み

YJC

- 「良い人材を自分たちでちゃんと採用する」を標榜した新卒採用プロジェクト
- インターンシップを人事と現場で運用している
- 現場から選出された社員でチームを作り、そのチームが一緒に働きたい人材を採用するためにインターンシップの企画から運営、選考までの役割を担い、人事がそれをコーディネートする

キャリアエージェントチーム

- 経営や事業が必要とするポジションに対して、速やかに適材適所を実現し、最適なチーム編成のために社内ヘッドハンティングを行ったり、社内の人材と組織を見えている状態にする役割を担う
- 人材のデータベースをもとに、新規事業のチーム編成提案をすることも

GEPPO

- 社員のコンディションを把握するために4つの質問で構成されるアンケートシステム
- 1つめが、個人のパフォーマンスを「快晴」から「大雨」まで5段階の天気で回答
- 2つめが、組織・チームのコンディションを同様に天気で回答
- 3つめが、毎回変わる特別質問。「あなたの強みや興味ある分野、ハマっている趣味などがあればキーワードで教えてください」「組織に貢献している実感はありますか?」「目標は明確ですか?」

「ジョブサイズは適切ですか?」など、毎月様々な切り口で質問している

● 4つめが、フリーコメント

● 上長はこのアンケート結果を見ることはできず、アンケート内容をもとに、対応が必要な社員については キャリアエージェントチームが返信や面談などの対応にあたる

社内求人サイト「キャリバー」

● 社内LAN限定で公開

● 人材募集をしている部署や職種をいつでも閲覧可能

社内異動公募制度「キャリチャレ」

● 年2回実施

● 現在の部署に1年以上在籍していることが制度利用の条件

● 応募後、人事の面談を経て、役員会議で決議したのち、異動が決定

CA24

● 次世代を担う人材を発掘・育成を目的としたプログラム。毎年24人が選抜され、役員が講師となり1年かけて育成していく

YM18

● 20代の社員が横串で集まり、さまざまな取り組みをしている「YMCA(ヤングマンサイバーエージェント)」という組織から入社3年目以内の18名が選抜され、若い幹部を育てていこうというプロ

グラム。30歳前後の役職が上の社員が講師となる

組織活性化の3つの仕組み

1. 褒めの文化を創る…「トピックスメール」と「表彰」
2. 縦横斜めの関係性…「飲み会代の補助」「YMCA」「部活」「CAramel」「技術者横断組織」
3. プロレポ…プロジェクト・レポートの略。部署の半期目標をポスターや冊子にまとめて、各部署対抗でそのツールの出来栄えを競い合うもの。半期の部署の方針をまとめることで、部署内の意思統一を図り、目標達成をしていくためのマネジメントサポート

企業文化を醸成する仕組み

1. 社内LAN限定で閲覧できる社内報「CyBAR」
2. 技術者向けに特化した社内報「Tech CyBAR」
3. 成功も失敗も赤裸々に綴るプロジェクト史「ヒストリエ」

上阪 徹（うえさか とおる）

1966年、兵庫県生まれ。早稲田大学商学部卒。ワールド、リクルート・グループなどを経て、94年よりフリーランスとして独立。幅広く執筆やインタビューを手がけ、これまでに取材してきた著名人は3000人を超える。ブックライターとしてもこれまでに80冊以上の書籍を執筆。40万部を突破した『プロ論。』シリーズなど、携わった書籍の累計売上は200万部を超える。2011年より宣伝会議「編集・ライター養成講座」講師。2013年、ブックライター塾を開講。

『マイクロソフト 再始動する最強企業』（ダイヤモンド社）、『JALの心づかい』（河出書房新社）、『社長の「まわり」の仕事術』（インプレス）、『幸せになる技術』（きずな出版）、『10倍速く書ける 超スピード文章術』（ダイヤモンド社）、『書いて生きていく　プロ文章論』（ミシマ社）、など著書多数。

サイバーエージェント 突き抜けたリーダーが育つしくみ

2020年2月20日　初版第1刷発行

著　者――上阪 徹　

発行者――張 士洛

発行所――日本能率協会マネジメントセンター

〒103-6009 東京都中央区日本橋2-7-1　東京日本橋タワー

TEL 03(6362)4339(編集)／03(6362)4558(販売)
FAX 03(3272)8128(編集)／03(3272)8127(販売)
http://www.jmam.co.jp/

装丁・編集協力――神原博之
本文DTP――株式会社森の印刷屋
印刷所――広研印刷株式会社
製本所――ナショナル製本協同組合

ISBN 978-4-8207-3197-9　C2034
落丁・乱丁はおとりかえします。
PRINTED IN JAPAN